Die wichtigsten
MARCO POLO Highlights

Sehenswürdigkeiten, Orte und Erlebnisse, die Sie nicht verpassen sollten

 Narva
In der Stadt an der estnisch-russischen Grenze scheinen sich zwei feindliche Trutz-burgen fast zu berühren (Seite 30)

 Domberg
Blicken Sie vom »Langen Hermann« auf die einzigartige mittelalterliche Altstadt von Tallinn (Seite 38)

 Lahemaa
Die Schönheit der Buchten-landschaft lässt sich am besten auf Wanderungen durch den estnischen Nationalpark entdecken (Seite 43)

 Universität
Im Herzen Estlands kämpft die alte Hochschulstadt Tartu um die kulturelle Hoheit (Seite 45)

 Cēsis
Die Stadt inmitten des herr-lichen Gauja-Nationalparks ist eine der ältesten und schöns-ten Lettlands (Seite 50)

 Dom St. Marien
Die größte Kirche des Baltikums steht in Rīga. Berühmt auch wegen der prächtigen Orgel (Seite 56)

 Freiheitsdenkmal
Am Rīgaer Freiheitsdenkmal schaut die Ehrenwache durch Sie hindurch (Seite 56)

Blick auf die Dünen der Kurischen Nehrung

INHALT

Bloß nicht!

Auch im Baltikum gibt es Dinge, über die Sie Bescheid wissen oder die Sie vermeiden sollten

Am falschen Strand liegen

Im katholischen Litauen sind manche Strandabschnitte abgeteilt: Mit *vyrų plažias (Männerstrand)* gekennzeichnete Abschnitte sind den Herren der Schöpfung vorbehalten, am *moterų plažias (Frauenstrand)* hat dagegen nur das andere Geschlecht etwas zu suchen, und für Liebespaare gibt es immer noch den *bendras plažias (gemischt)*. Männer, die sich zum *moterų plažias* wagen, können in ernsthafte Schwierigkeiten geraten, respektive brutal verscheucht werden.

Nicht aufessen

Den meisten Balten liegt es seit den knappen Jahren der Sowjetzeit im Blut: Was bestellt wird, wird auch aufgegessen – alles andere wäre Verschwendung. Nichtaufessen im Restaurant kommt in der Regel nicht gut an. Trotz verlockender Schaufenster und schicker Cafés nicht vergessen: Die meisten Esten, Letten und Litauer müssen für einen Restaurantbesuch eine ganze Weile arbeiten. Deswegen sollten Sie auch nicht in aller Öffentlichkeit mit Ihrem Geld winken, schon aus Sicherheitsgründen.

Ohne Blumen kommen

Wenn Sie eingeladen sind, besorgen Sie sich unbedingt einen kleinen Blumenstrauß – er braucht auch nicht teuer zu sein. Mit leeren Händen zu kommen gilt als ungehörig. Überall in den baltischen Städten gibt es kleine Blumenläden. Der Strauß wird wie in Deutschland gleich an der Tür überreicht.

Präsidenten verulken

In Deutschland gehört es schon fast zum guten Ton, über Politiker zu spotten. Auch in den baltischen Staaten werden Politik und Verwaltung oft kritisiert, und die Hauptstädte haben in der Provinz durchaus den Ruf ewig bevorzugter Bürokratenmoloches. Nur: Die Balten hören diese Kritik an ihren Repräsentanten von Besuchern ungern. Denn insgesamt achten sie die staatlichen Würdenträger hoch. Scherze könnten da leicht in den falschen Hals geraten.

Gewohnheiten missachten

Einige Angewohnheiten oder Tabus, die – ohne Anspruch auf Vollständigkeit – im Baltikum auffallen: In Litauen wird es nicht gerne gehört, wenn im Haus gepfiffen wird, das könnte die Hausgeister oder andere dunkle Mächte wecken. Bei Privatbesuchen ist das Schuheausziehen üblich. Bei der Begrüßung sollte man die Hand nicht über die Türschwelle reichen: Das könnte jede Menge Unglück bringen!

Schreiben Sie uns!

Liebe Leserin, lieber Leser,

wir setzen alles daran, Ihnen möglichst aktuelle Informationen mit auf die Reise zu geben. Dennoch schleichen sich manchmal Fehler ein – trotz gründlicher Recherche unserer Autoren/innen. Sie haben sicherlich Verständnis, dass der Verlag dafür keine Haftung übernehmen kann. Wir freuen uns aber, wenn Sie uns schreiben.

Senden Sie Ihre Post an die MARCO POLO Redaktion, Mairs Geographischer Verlag, Postfach 31 51, 73751 Ostfildern, marcopolo@mairs.de

Impressum

Titelbild: Saaremaa bei Kuressaare (Huber: Giovanni)
Fotos: Bilderberg: Boisvieux (6), Schmid (30); Fotoarchiv: Babovic (26); R. Freyer (U. M., U. r., 4, 13, 14, 16, 28, 35, 66, 67, 76, 78, 83, 84, 90); G. Germann (27); HB-Verlag (9, 12,19, 29, 53, 60, 63, 71, 74, 80, 101, 102), HB-Verlag: Kirchner (7), Huber: Giovanni (U l., 5 r., 20, 44, 48, 58, 88, 115); look: Stankiewicz (1, 33, 39); Mauritius: Kerth (22); K. U. Müller (5 l., 47, 50, 57, 93, 94, 97, 98); Transglobe: Kleins (24); T. Stankiewicz (61, 73); B. Wagner (2 o., 2 u.); Zefa: Göbel (87)

2. (6.), aktualisierte Auflage 2004 © Mairs Geographischer Verlag, Ostfildern
Herausgeber: Ferdinand Ranft, Chefredakteurin: Marion Zorn
Redaktion: Leonie Dlugosch, Bildredaktion: Gabriele Forst (Leitung)
Kartografie Reiseatlas: © Mairs Geographischer Verlag/Falk Verlag, Ostfildern
Gestaltung: red.sign, Stuttgart

Das prächtige Barockschloss Rundāle

 Jugendstilhäuser
Die unversehrten Gebäude
in Rīga sind Schätze der
Gründerzeit (Seite 57)

 Berg der Kreuze
Ein stiller, bewegender Ort des
national-religiösen Protests der
Litauer (Seite 76)

 Kurische Nehrung
In der Nähe von Nida kann
man im Sand einer der größten Wanderdünen des Kontinents versinken (Seite 76)

 Gotisches Ensemble
Die filigrane St-Annen-Kirche
und die massig wirkende Bernhardinerkirche in Vilnius bilden
ein ungleiches Paar (Seite 81)

 Tor der Morgenröte
Für Katholiken ein Heiligtum –
und integraler Bestandteil
der Barockaltstadt von Vilnius
(Seite 82)

 Aukštaitija-Nationalpark
Hügel, Wälder, Seen –
Naturparadies in
Litauens Osten (Seite 86)

Holzhaus im Nationalpark Lahemaa

 Trakai
Die älteste erhaltene Wasser-
burg Europas ist ein wichtiger
Schauplatz der Geschichte
des litauischen Fürstentums
(Seite 87)

 Schloss Rundāle
Rastrellis Sommerresidenz
für die kurischen Herzöge
in der Nähe des lettischen
Bauska (Seite 92)

 Die Highlights sind in der Karte auf dem hinteren Umschlag eingetragen

Entdecken Sie das Baltikum!

Die drei baltischen Völker haben mit Schwung das Grau der Sowjetzeit abgeschüttelt. Ihre Länder sind lebendig, liebenswert und auffallend unterschiedlich

Für einen historischen Augenblick standen die drei baltischen Länder im Mittelpunkt der Weltgeschichte. 1990/91 leitete ihr Wunsch nach Unabhängigkeit den Zerfall der Sowjetunion mit ein. Fernsehkameras, die Augen der Welt, begleiteten die weit gehend friedliche »singende Revolution«. Sie erhielt diesen Namen, weil die demonstrierenden Esten, Letten und Litauer zu Hunderttausenden ihre traditionellen Volkslieder sangen. Der Gesang spielte immer eine große Rolle für die Balten – während der Ablösung von der Sowjetunion genauso wie während der mehrere Jahrhunderte dauernden Zeit der Fremdherrschaft verschiedener anderer Nationen zuvor. Singend konnten die baltischen Völker ihr nationales Bewusstsein zeigen und bewahren.

Die Revolution ist Geschichte, und viele Balten wundern sich heute selbst über das Pathos, mit dem sie sich seinerzeit vor Kälte zitternd zum Kampf gegen die Panzer der Supermacht aufmachten. Was sich in den folgenden Jahren im Balti-

Die letzten Sonnenstrahlen des Tages über den Dächern von Vilnius

Störche gibt es überall im Baltikum

kum entwickelt hat, wurde im Westen lange Zeit kaum registriert – auch nicht in Deutschland, das bis zum Zweiten Weltkrieg eine Grenze mit Litauen teilte.

Esten, Letten und Litauer zeigten besonderen Reformeifer. Im Handumdrehen lösten sich die drei Staaten aus der erzwungenen Orientierung auf Moskau und verwandelten sich in drei lebendige, bewegliche, ganz auf Austausch und Handel mit Westeuropa ausgerichtete Staaten. Die Mühe hat sich gelohnt: 2004 traten Estland, Lettland und Litauen der Nato und der EU bei.

Das Baltikum – das sind drei auffallend unterschiedliche Staaten. Abgesehen von der geografischen Lage und der gemeinsamen Vergangenheit als Provinzen Russlands

und später als Republiken der Sowjetunion, die von der Mehrzahl der Menschen als gemeinsame Gefangenschaft gesehen wird, trennt Litauer, Letten und Esten mehr, als sie verbindet.

Vor der russischen Zeit, die in Est- und Lettland Anfang des 18. Jhs., in Litauen Ende des 18. Jhs. begann, gingen die Ostseevölker getrennte Wege. Lettland und Estland wurden im 13. Jh. von der ostwärts gerichteten deutschen Kolonisierungs- und Missionierungsbewegung erfasst. Hansekaufleute gründeten zu dieser Zeit an der Düna (heute: Daugava) und der Narva Handelsposten. Mit den Fernhändlern gelangte mitteleuropäisches Denken in den nordöstlichen Ostseeraum – in ihrem Gefolge kamen auch Priester. Deren christliche Mission setzte der Schwertbrüderorden, der später vom Deutschen Orden abgelöst wurde, militärisch durch. Aus den Händlern und Rittern ging der deutschbaltische Adel hervor, der jahrhundertelang die Geschicke der Region bestimmte. Und die deutschbaltischen Barone und Kaufleute blieben auch, als Dänen, Schweden und schließlich Russen die Oberherrschaft über das nördliche Baltikum erlangten. Diese Fremdbestimmung endete erst in den Wirren des 20. Jhs.

Ganz anders Litauen: Das litauische Volk ließ sich vom Deutschen Orden nicht vereinnahmen, und am Ende des Mittelalters gelang es Litauen durch die Anlehnung an Polen, eine gewisse Eigenständigkeit zu bewahren.

Während Letten und Esten eher durch die Geschichte verbunden

Heute gehen die Staaten eigene Wege

sind, einen Letten und Litauer ihre verwandten Sprachen. Lettisch und Litauisch gehören sprachwissenschaftlich zur indogermanischen, das Estnische hingegen gehört zur finnougrischen Sprachenwelt.

Erst seit dem Ende des 18. Jhs. rückten Esten, Letten und Litauer zwangsweise näher zusammen. Als Bewohner russischer Ostseeprovinzen machten sie im Zarenreich ähnliche Erfahrungen: Industrialisierung, Bauernbefreiung, nationale Erweckung und die erste Phase der Unabhängigkeit jedes einzelnen der baltischen Staaten nach dem Ersten Weltkrieg; schließlich fanden sie sich gemeinsam in der Sowjetunion wieder. Aus ihr brachen sie 1990/91 noch zusammen aus, seither aber schultern die drei Länder mehr im Einzelkampf denn kooperativ die Last, aus ehemaligen Sowjetrepubliken moderne Marktwirtschaften zu machen, die ganz auf die EU ausgerichtet sind.

Der Begriff »Baltikum«, wie er heute weltweit für die Region benutzt wird, ist erst im 18. Jh. aufgekommen, als es den Russen unter großen Mühen gelang, »Pribaltika« zu erobern. So nennen sie die drei Länder noch heute, abgeleitet von der lateinischen Bezeichnung für die Ostsee als »Weißes Meer«, dem »Mare Balticum«.

Ein gemeinsamer Begriff könnte aber bald wieder aus dem Gebrauch kommen. Die drei Staaten gehen unterschiedliche Wege, vor allem, was die strategische Partnerwahl anbelangt. In Estland ist der finnische Einfluss unübersehbar geworden. Die nur durch den schmalen finnischen Meerbusen getrenn-

Im Freilichtmuseum Rocca al Mare gibt es viele gemütliche Plätzchen

ten Hafenstädte Helsinki und Tallinn rücken immer näher zusammen. Währenddessen besinnt sich Litauen auf eine Neuverständigung mit Polen, das sich bei den Verhandlungen um Litauens Beitritt zur Nato und zur EU zum ersten Anwalt des Nachbarlands aufgeschwungen hat. Lettland in der geografischen Mitte sucht noch nach einer eigenen Position – nach innen wie außen.

Prognosen geben noch keine Klarheit darüber, ob die Region sich weiter auseinander leben oder unter wirtschaftlichen Zwängen neu formieren wird. An der Börse in Rīga oder in der im ganzen Baltikum operierenden estnischen »Hansabank« haben die Manager bereits begriffen, dass sie an den Finanzmärkten in London oder New York nur dann wirklich wahrgenommen werden, wenn sie das Baltikum als Ganzes vermark-

ten und nicht die kleinen Teilmärkte Estland, Lettland und Litauen. Die Politik aber folgt dieser Einsicht bislang eher zögerlich. Nun wird die EU mit ihren verpflichtenden Standards und Normen die Staaten zusammenhalten.

Schon vor dem offiziellen Beitritt im Mai 2004 hatten sich die drei Länder herausgeputzt. Die besten Schaufenster sind die drei Hauptstädte. Tallinn, Rīga und Vilnius wurden liebevoll restauriert, die Fassaden mit Pastellfarben versehen. Der Wind der Veränderung hat viel Neues neben dem Alten entstehen lassen. Da kontrastieren die maroden sozialistischen Plattenbauten des Tallinner Vorstadtviertels Lasnamäe mit gläsernen Bankentürmen, die inzwischen in den Himmel der estnischen Hauptstadt wachsen. Noch immer klappern die alten Straßenbahnen sowjetischen Typs durch Rīga – und

> » *Schaufenster sind die Hauptstädte* «

Geschichtstabelle

Ab 4000 v. Chr. Finnougrische Völker, deren Heimat im nördlichen Uralgebiet vermutet wird, wandern ins heutige Estland und Finnland ein

Um 2500 v. Chr. An der Ostsee tauchen indogermanische Stämme auf, die lettisch, litauisch und verwandte Sprachen sprechen

100–600 n. Chr. »Goldenes Zeitalter«: Die baltischen Stämme, deren Siedlungsgebiete bis zur Weichsel reichen, treiben regen Bernsteinhandel mit den Mittelmeerländern

650 Älteste nachgewiesene Spuren von Wikingern, die raubend durchs Baltikum ziehen. Zur selben Zeit bilden sich allmählich baltische Herrscherdynastien und feste Grenzen heraus

Um 1000 Gegen die aufstrebenden ostslawischen Völker werden Befestigungen errichtet. Dennoch drängen die Slawen die baltischen Stämme bis in die heutigen Grenzen zurück

1184 Augustinerpater Meinhard landet an der Düna (heute Daugava) und versucht, den baltischen Stamm der Liven (finnougrischer Stamm, der die Küste des Rīgaer Meerbusens besiedelte) zu missionieren

1201 Gründung Rīgas durch den Bremer Bischof Albert

13. Jh. Der deutsche Schwertbrüderorden erobert das heutige Lettland und Estland. Herausbildung des mittelalterlichen Ordensstaates

1219–1227 Die Dänen bauen die Festung Reval (heute Tallinn) und herrschen gemeinsam mit Bischof Albert und dem Orden in Estland

1251 Litauen wird geeint: Fürst Mindaugas wird König und lässt sich vorübergehend taufen

1362 Litauens Großfürst Algirdas dehnt sein Reich bis ans Schwarze Meer aus

1385 Litauisch-polnische Union

1410 Schlacht bei Tannenberg; der Orden verliert vernichtend gegen Polen-Litauen

Um 1525 Reformation in Rīga, Reval und Dorpat (Tartu)

1558–1582 Angriff Iwan des Schrecklichen; in der Folge des Livländischen Kriegs (Livland = nordlettische Provinz, lett.: Vidzeme) zerfällt der Ordensstaat, die Hansezeit endet. Das nördliche Estland wird schwedisch, Livland polnisch, die südlettische Provinz Kurland abhängig von Polen

1600–1629 Polnisch-schwedischer Krieg. Neuordnung der Territorien: Bis auf Lettgallen (Ostlettland, lett.: Latgale) beginnt für Estland

und weite Teile Lettlands eine Zeit schwedischer Vorherrschaft

1710 Beginn der 200 Jahre andauernden Zarenzeit im Baltikum: Livland und Estland gehen an Russland. Peter der Große bestätigt die vorherrschende Stellung des deutschstämmigen Adels

1772, 1793 und 1795 Nach den Polnischen Teilungen folgen die Provinzen Lettgallen und Kurland (Kurzeme) sowie Litauen ins Zarenreich

1819 Bauernbefreiung in Est-, Liv- und Kurland, **1861** in Litauen

1838 Gründung der »Gelehrten Estnischen Gesellschaft« in Tartu. Beginn des »nationalen Erwachens«

1869/1873 Erstes gesamtestnisches/erstes gesamtlettisches Sängerfest

1917/18 Unabhängigkeitserklärungen in Estland, Lettland und Litauen nach dem Kollaps des Zarenreiches; zwei Jahre dauernde Freiheitskriege

1922 Aufnahme der drei Staaten in den Völkerbund

1923 Litauen besetzt das unter Völkerbundsmandat stehende Memelgebiet

1939 Hitler-Stalin-Pakt; Im Geheimprotokoll wird das Baltikum dem sowjetischen Einflussbereich zugeordnet

1940 Einmarsch sowjetischer Truppen ins Baltikum

1941 Ab Juni 1941 Massendeportationen nach Sibirien, die bis heute unvergessen sind

1941–44 Deutsche Besatzungszeit; Massenmord an baltischen Juden

1944/45, 1949 Nach Rückkehr der Roten Armee werden erneut Zehntausende deportiert

Ende der 1980er-Jahre
Aus Umweltbewegungen werden Unabhängigkeitsbewegungen; baltische »Volksfronten« werden gegründet

1989 Eine Menschenkette zieht sich zum Gedenken an den Hitler-Stalin-Pakt quer durchs Baltikum

1990 Litauen erklärt sich für unabhängig

1991 Sowjetische Fallschirmjäger erschießen in Vilnius 14 Menschen. Fünf weitere sterben in Rīga bei Erstürmung des Innenministeriums. Nach dem Moskauer Augustputsch erklären sich auch Estland und Lettland für unabhängig; Anerkennung durch die Völkergemeinschaft im September

1993–99 Abzug der sowjetischen Truppen

April 2004 Nato-Beitritt

Mai 2004 EU-Beitritt

bringen Fahrgäste etwa zu einer IT-Firma, die Datenbanksysteme deutscher Großbetriebe wie des Ferienfliegers LTU managt: per Standleitung direkt aus der lettischen Hauptstadt.

In den baltischen Städten verhält sich die jüngere Generation so, wie es Altersgenossen anderswo in der westlichen Welt auch tun. Die Jungen kleiden sich nach der Mode des Musiksenders MTV. Das Markenzeichen der Älteren auf dem Weg zur Karriere sind Anzug und Handy. Und trotzdem sind sie anders: Bei vielen kommt eine Naturverbundenheit zum Vorschein, die in den baltischen Ländern vielleicht tiefer verwurzelt ist als anderswo. Sie wollen zurück zur Natur, in der sie Kindheit und frühe Jugend verbracht haben. Viele Menschen leisten sich ein Ferienhäuschen. Obwohl auch im Baltikum der Mensch Teile der Natur in Planquadrate gepresst hat, gibt es hier noch viele einsame Flächen, hügelige, von verstreuten Baumgruppen geprägte Weiten, Nadelwalder, Hochmoore, Störche auf ihren Nestern, ausgedehnte Sandstrände und schroffe Küsten, Seen, Wellen und Wind.

> **Die Balten setzen auf Naturtourismus**

Die ausgeprägte Naturliebe vieler Balten mag auch mit der Geschichte zu tun haben – die letzten Heiden Europas verehrten bis ins letzte Jahrtausend hinein heilige Bäume, vor allem Buchen und Eichen, aber auch Hügel, Steine und Quellen. In lettischen und litauischen Wäldern stehen noch heute viele hölzerne Mythengestalten – Erinnerungsstücke an diese Zeit.

Das Baltikum ist ein Vogelparadies, es gibt 400 Arten, darunter sehr viele Störche. Im Wasser der unzähligen Seen und Flüsse und an

Holz ist ein viel verwendetes Baumaterial: typische Holzvilla im Grünen

Neben Urlaubern bevölkern auch Möwen den Strand von Palanga

der Küste tummeln sich Barsche und Hechte; es gibt Heringe, Aale, Kabeljau, Karpfen und Lachse. In den Wäldern leben Hirsche und Biber, weiter im Norden auch Luchse. Allerdings sind zahlreiche Tiere verschwunden, so gibt es kaum noch Elche und Bären, und das bereits ausgestorbene Rebhuhn musste im Gauja-Nationalpark in Lettland wieder ausgesetzt werden.

Die Balten planen, umweltgerechten Naturtourismus zu entwickeln und nicht allein auf hohe Besucherzahlen zu setzen. Es ist denkbar, dass die Ostseeküste Litauens einmal zum beliebten Naherholungsgebiet für Berliner wird, denen die Regionen um das Mittelmeer zu weit entfernt, zu voll und zu teuer sind. Bislang spricht vor allem die mangelnde Verkehrsanbindung dagegen. Insbesondere der Landweg durch Polen macht die Anreise zur Strapaze.

Der Frühling kommt etwas später als in den kühleren Regionen Deutschlands, die baltischen Sommer sind kurz. Die wohl schönste Jahreszeit ist der Herbst, der das Baltikum in ein prächtiges Farbenmeer verwandelt. Im Winter fallen bisweilen mehrere Meter Schnee, der aber erst ab Neujahr zu erwarten ist. Bis dahin verhindert die von der Sonne aufgeheizte Ostsee, dass sich Kälte ausdehnen kann. Vor allem Estlands Hauptstadt Tallinn versinkt im neuen Jahr tief im Schnee, und die bisweilen rekordverdächtig langen Eiszapfen an den Kaufmannshäusern bleiben im Gedächtnis der Urlauber.

Aber nicht nur das: Erholung Suchende finden an der Ostsee endlose Weiten. Allerorten sind beeindruckende Relikte der Geschichte erhalten, und die baltischen Städte haben auch kulturell viel zu bieten. Nicht zuletzt immer mehr junge Leute finden den Weg in die Ostseestädte mit Hansecharme. Individualreisende kommen schon wegen des ausgelassenen Nachtlebens wieder, das vor allem in Litauen zu erleben ist – im Baltikum findet jeder Besucher, was er auf seiner Reise sucht.

Vom baltischen Tiger zu Sängerfesten

Auf dem Weg in die Marktwirtschaft spielen Traditionen in den drei baltischen Ländern noch immer eine wichtige Rolle

Alternde Gesellschaft

Nicht nur in Westeuropa altert die Bevölkerung. Auch in den als jung und dynamisch geltenden Gesellschaften der neuen EU-Staaten werden zu wenig Kinder geboren, und das estnische gehört zu den am schnellsten alternden Völkern weltweit. Ähnlich wie im Westen wollen viele junge Leute sich erst einmal selbst verwirklichen, bevor sie an Familie denken; darüber hinaus bieten die geringen Löhne und die Unsicherheit durch die ständigen Reformen keinen Anreiz für Nachwuchs. Schon heute werden trotz der hohen Arbeitslosenrate bestimmte Fachleute knapp. Vor allem zahlreiche Ärzte und Krankenschwestern sind bereits in den Westen gezogen. Eines Tages werden die Balten wohl Einwanderer ins Land lassen müssen, damit Firmen nicht abwandern. Darauf eingestellt sind freilich die wenigsten.

Unübersehbar erhebt sich in Rīga das Symbol für den lettischen Unabhängigkeitskampf: das Freiheitsdenkmal

Baltischer Tiger

Aus westlicher Sicht ist Estland ein Musterknabe unter den neuen EU-Mitgliedern: Privatisierungen in Rekordzeit, schnelle Marktöffnung und hohe Wachstumsraten. Geholfen hat dabei auch die Nähe zu Finnland: Das Land, aus dem die Nokia-Handys kommen, ist mit Abstand größter Investor. Um die Anforderungen der EU zu erfüllen, steuerte Estland in den 1990er-Jahren einen radikalliberalen Kurs, strich Subventionen, entließ ältere Mitarbeiter und nahm das Bauernsterben hin. Heute ist Tallinn Finanzzentrum des Baltikums. Auch die transbaltische Hansabank hat hier ihren Hauptsitz. Nur: Die Arbeitslosigkeit bekommen auch die Esten nicht in den Griff. Trotz des niedrigen Lohnniveaus liegt sie bei rund zehn Prozent.

Deutsche im Baltikum

Dänen, Schweden, Polen, Russen – sie alle zogen durch die baltischen Länder und beherrschten die Region für eine gewisse Zeit. Doch Siedler aus Deutschland waren es,

Haapsalu in Estland ist eine der vielen von Deutschen gebauten Burgen

die meisten kamen aus Westfalen, die der Region ihren Stempel aufdrückten. Die Deutschen kamen vom 12. Jh. an aus unterschiedlichen Motiven: Einige waren beseelt vom Kreuzzugaufruf des Papstes (1199), andere waren reine Glücksritter und Abenteurer, wieder andere wollten eine neue Heimat finden.

Zur militärischen Durchsetzung des Kreuzzugs wurde 1202 der Schwertbrüderorden gegründet, dessen Rolle später der Deutsche Orden übernahm. Die Ordensritter trugen einen weißen Mantel mit schwarzem Kreuz. Aus ihnen ging der deutschbaltische Adel hervor, der ein Großteil der Ländereien in Besitz nahm, einschließlich der dort lebenden Bauern.

Nach dem Untergang der Ordensmacht gelang es den deutschstämmigen Großgrundbesitzern, unter Anerkennung wechselnder Oberherrschaften, ihre Privilegien im Lehensgefüge zu erhalten. Auch im Zarenreich blieb ihre Vorrangstellung bestehen. Erst mit den Agrarreformen nach dem Ersten Weltkrieg verloren diese Grundherren einen Teil ihrer Vorrechte. Die deutsche Geschichte im Baltikum endete erst mit dem Hitler-Stalin-Pakt. Damals holte Hitler die Deutschen aus dem Baltikum, um freie Bahn für seine eigentlichen Pläne, den Feldzug gegen die Sowjetunion, zu haben.

Estonia

Der Untergang der Fähre »Estonia« am 28. September 1994, der zu den größten Schiffskatastrophen des vergangenen Jahrhunderts zählt, war ein schwerer Schlag für Estland – in vielerlei Hinsicht. Mit dem Schiff, das in der herbstkalten Ostsee 852 Menschen in den Tod riss, sank symbolisch auch das Land, denn Estonia ist das englische Wort für Estland. Zudem gehörte das Schiff einer estnischen Reederei. Am schwersten aber wiegt: Un-

ter den ertrunkenen Passagieren waren auch 284 Esten. Eine Größenordnung, die ein kleines Land wie Estland mit nur 1,4 Mio. Einwohnern besonders erschüttert.

Die Katastrophe sandte Schockwellen durch das von der Ostsee umspülte Land, und der 28. September ist bis heute ein nationaler Trauertag. Über Freunde und Verwandte ist ein Großteil der Bevölkerung mehr oder weniger direkt betroffen. Die Opfer kamen lange nicht zur Ruhe, denn die Ursachen des Unglücks blieben ungeklärt, wenn auch der offizielle Abschlussbericht den Auslöser des Unglücks in einer defekten Bugklappe der deutschen Werft, in der das Schiff gefertigt wurde, ortete. Anderen Spekulationen zufolge wurde die Estonia Opfer eines Bombenanschlags und krimineller Bandenkriege. Die Opferverbände, unter anderem der estnische »Memento Estonia«, baten lange um ein Ende derartiger Überlegungen, damit die vielfach im Wrack des Schiffes beerdigten Opfer und ihre Angehörigen endlich ihren Frieden finden.

Eurovision Song Contest

Bei der bis vor kurzem als »Grand Prix d'Eurovision de la Chanson« bekannten Schlagerveranstaltung stimmen die Balten gern im Chor. Auch deshalb gelang es, mehrfach den Sieg zu kassieren: 2002 fand das Schlagerfest in Tallinn, 2003 in Rīga statt. Dass es nicht estnische bzw. lettische Sänger waren, die die Länder repräsentierten, fiel da weniger ins Gewicht: So viel Reklame für das Baltikum gab es selten.

Gendatenverkauf

Estland baut derzeit eine umfassende Gendatenbank der gesamten Bevölkerung auf. Ein ähnliches Programm gibt es in Island. Die Daten werden von einer staatlichen Organisation verwaltet und an kommerzielle Nutzer verkauft. Hier tun sich für Forschung und Biotech-Industrie große Chancen auf, denn das genetische Bild einer kompakten Gruppe könnte bei der Suche nach medizinischen Wirkstoffen hilfreich sein. Estland erhofft sich mit dieser Aktion, ein Mekka der Genindustrie zu werden. Kritik an dem Vorhaben gab es bislang kaum.

Lebensstandard

Der Durchschnittslohn liegt in den baltischen Staaten bei ca. 400 Euro pro Monat. Allerdings passt die offizielle Zahl nicht ganz zu dem, was vor allem in den Hauptstädten zu sehen ist: Mit Autos, Restaurantbe-

Die MARCO POLO Bitte

Marco Polo war der erste Weltreisende. Er reiste in friedlicher Absicht, verband Ost und West. Er wollte die Welt entdecken, fremde Kulturen kennen lernen, nicht zerstören. Könnte er heute für uns Reisende nicht Vorbild sein? Aufgeschlossen und friedlich sollte unsere Haltung auf Reisen sein. Dazu gehören auch Respekt vor Mensch und Tier und die Bewahrung der Umwelt.

WWF

suchen und der neuesten Mode leisten sich viele Menschen, was sie sich von ihrem Gehalt allein nicht leisten können. Viele verdienen schwarz dazu, junge, gut ausgebildete Menschen haben oft mehrere Jobs zugleich, und manche Exilbalten aus Amerika schicken Geld in die Heimat. Ganz arm dran sind die, die nicht über die nötige Bauernschläue und Beweglichkeit für die Marktwirtschaft verfügen. Verlierer sind auch die alten Menschen. Zwar werden die Renten im Gegensatz zu Russland regelmäßig ausbezahlt. Aber sie reichen oft nicht einmal, die laufenden Kosten zu decken.

Minderheiten

Während der Industrialisierung in der Sowjetzeit wurden nicht nur hunderttausende Balten nach Sibirien verschleppt – Moskau förderte auch massiv die Ansiedlung von Industriearbeitern aus der Sowjetunion im Baltikum. Diese nahmen ihren Platz mit größter Selbstverständlichkeit ein und lernten oft nicht einmal, »Guten Tag« in der Landessprache zu sagen. Nach der Wende allerdings hofften viele Einheimische umgekehrt, dass die ungeladenen »Gäste« nun wieder gehen würden. Doch die meisten lebten bereits seit Jahrzehnten dort und hatten Familien gegründet – einen Anreiz zurückzugehen gibt es nicht. Heute stammt etwa jeder dritte Bewohner Lettlands aus den ehemaligen Sowjetrepubliken, in Estland mehr als jeder vierte. Estland und Lettland verweigerten ihnen zunächst die Staatsbürgerschaft. Gesetze wie z. B. das Verbot, ihre Muttersprache im Geschäftsleben zu sprechen, erschwerten ihnen das Leben. Auf Druck von Nato und EU wurden solche fragwürdigen Paragrafen wieder gestrichen und die Einbürgerungsformalitäten erleichtert. In Litauen dagegen erhielt die russischsprachige Minderheit sofort die Staatsangehörigkeit. Dort allerdings ist ihr Anteil an der Bevölke-

Die virtuelle Regierung

Die Esten können die Arbeit ihrer politischen Vertreter am Terminal verfolgen

Ruft der estnische Premier seine Minister zur Kabinettssitzung, dann schnappen keine Aktentaschenschnallen und knallen keine Ordner. Nicht einmal Papier raschelt leise: Die estnische Regierung verzichtet weitgehend auf Schwarz-auf-Weiß. Sie wickelt ihre Arbeit online ab. An den Arbeitstischen im Kabinettssaal sind dazu kleine Terminals eingelassen, in die die Politiker ihre Notizen tippen. Die Arbeit dieser virtuellen Regierung lässt sich so Schritt für Schritt von allen Bürgern im Internet verfolgen und kontrollieren, heißt es. Doch das ist ein bisschen zu viel PR. Denn bei wirklich ernsten Themen bleiben auch in Estland die (virtuellen) Türen zu. *www.riik.ee*

Musik spielt im Baltikum eine große Rolle: auch instrumentale

rung auch sehr viel geringer als in Estland und Lettland.

Protest auf Russisch

Vor allem in Rīga gibt es eine äußerst gut organisierte Demonstrantengemeinde: Vorrangig russischstämmige Rentner marschieren regelmäßig lautstark auf, um ihre vermeintliche Benachteiligung zu beklagen oder die Wiedereinrichtung der Sowjetunion zu verlangen. Manche Letten sehen darin eine Agitation Moskaus. In der Tat kam es in den 90er-Jahren immer dann gehäuft zu Aufmärschen der Rentner, wenn aus Moskau besonders starke Kritik an der vermeintlichen Diskriminierung der Russen kam.

Sängerfeste

Der Gesang ist tief in den baltischen Völkern verankert. In Zeiten der Unterdrückung waren sie Demonstration nationalen Bewusstseins. Bis heute sind die Sängerfeste zentrale Kulturereignisse. Die Tradition begann im 19. Jh. in Estland: Die Vordenker der nationalen Unabhängigkeit wollten sich nicht nur an die Menschen wenden – die Esten selbst sollten die nationale Idee tausendfach artikulieren. Die über Jahrhunderte überlieferten Volkslieder waren dafür ein hervorragendes Medium. Lettland und Litauen nahmen die Idee auf und veranstalteten selbst solche Feste. Bis heute nehmen Hunderttausende teil, manchmal ist bis zu einem Drittel der Bevölkerung aktiv dabei. Die Feste finden in jedem der drei Länder alle vier bis fünf Jahre im Sommer statt.

Ein Glücksfall für die Letten war die Marotte des Mathematikers und Astronomen Krišjānis Barons (1835–1923), die überlieferten lettischen Lieder aufzuzeichnen. Im Laufe der Zeit kamen anderthalb Millionen meist vierzeilige *Dainas* zusammen – eine der größten und ältesten Sammlungen mündlicher Überlieferungen der europäischen Geschichte überhaupt.

Herzhaft, aber lecker

Traditionell ist die baltische Küche kräftig und deftig. Dabei wird am liebsten warm gegessen

Schweinefleisch mit Sauerkraut? Genau das findet man auf der nationalen Speisekarte Estlands und Lettlands ganz oben. Denn der deutsche Einfluss aus den Jahren der Ordensherrschaft erstreckt sich nicht nur auf Architektur und Geistesgeschichte, sondern auch auf leibliche Genüsse.

Die baltische Küche ist bodenständig und deftig. Einen ersten Überblick über Essgewohnheiten können Sie sich in den großen Supermarktketten oder Markthallen verschaffen. Dort hängen zum Beispiel Würste in großer Zahl, jeder Größe und Geschmacksrichtung – nur die Magerstufe werden sie dort kaum finden.

Mehrmals täglich werden warme Speisen aufgetischt. Der Tag beginnt bei vielen mit Rührei oder Kartoffelpuffer mit einem Klecks saurer Sahne oder auch Pfannkuchen mit selbst gemachtem Sirup. Den Tisch mit Käse, Wurst und Marmelade zur Selbstbedienung zu decken – das ist Esten, Letten und Litauern fremd. Wenn es überhaupt belegte Brote sein sollen, dann werden ein paar Butterbrote geschmiert.

Die Hauptmahlzeit gibt es zur Mittagszeit. Als Beilage zu den traditionellen Gerichten kommen sehr oft Kartoffeln auf den Tisch, gekocht oder zu Püree gestampft. Anstelle von Petersilie werden die Kartoffeln meist mit Dill abgerundet. Reis oder Nudeln finden erst nach und nach den Weg in die Kochtöpfe des Baltikums. Gekochtes Gemüse als Beilage ist eher ungewöhnlich. Dagegen werden in der Küche kleine Salate aus Kraut, Sellerie, Möhren oder auch mit Fisch kreiert. Die Vorratskammern sind meist gut gefüllt mit verschiedenen selbst gemachten Konfitüren, Kompott oder eingelegtem Gemüse, etwa Kürbis.

Als Vorspeise wird meist eine Suppe serviert, oft mit einem dicken Klecks Sauerrahm oder Schmand. Im Sommer kommt rosafarbener kalter Borschtsch auf den Tisch, eine leichte Suppe mit Kefir auf Rote-Beete-Basis, in die Pellkartoffeln getunkt werden. Davon wird gleich eine große Menge angerührt, denn der Sud entwickelt erst nach einiger Zeit sein Aroma.

Nicht nur Borschtsch, auch andere russische Gerichte haben ih-

Besonders in den Hauptstädten, wie hier in Tallinn, laden zahlreiche Cafés zum Verweilen ein

Baltische Spezialitäten

Lassen Sie sich diese Köstlichkeiten gut schmecken!

Aukstais galds (Lettland) – Kleine Schälchen mit Häppchen richtet man bei allen baltischen Völkern zu besonderen Anlässen an, z. B.: Schinken, gebackener, kalt servierter Fisch, Räucheraal, Gurkensalat, Knoblauchbrot

Blynai, Blyneliai (Litauen) – Pfannkuchen mit Fleisch-, Quark- oder Pilzfüllung

Buberts (Lettland) – Cremiger, kalt servierter Weizenpudding – auch als lettisches Manna bekannt

Cepelinai (Litauen) – Star unter baltischen Gerichten: mit Quark oder Fleisch gefüllter, zeppelin- förmiger Kartoffelknödel, gekocht; mit Speck, Schmand und Zwiebeln bedeckt (auch *Didžkukuliai*)

Jānu siers (Lettland) – Johan- nistags- oder Sonnwendkäse: trockener Hüttenkäse mit Kümmel verfeinert

Koldūnai (Litauen) – Teig- taschen mit Fleischfüllung

Kringel (Estland/Lettland) – Süßes Mandelgebäck in Brezelform

Krupnikas (Litauen) – In Deutschland als Schlehenbalsam bekannt: Honiglikör, mit Kümmel, Nelken und Ingwer verfeinert

Mulgi kapsad (Estland) – Geschmortes Schweinefleisch mit Sauerkraut (auch *sealihaga*)

Mulgi puder pekikastmega (Estland) – Südestnischer Kartoffelbrei mit Schinkensud

Neģi (Lettland) – Wurmartige Miniaturausgabe eines Flussaals (Neunauge) und lettische Delikates- se. Er hat keine Gräten und Schup- pen und ist komplett genießbar

Pīrāgi (Lettland) – Fleischgefüllte Teigtaschen: lettische Piroggen

Rasols (Lettland) – Mit roter Beete und Äpfeln verfeinerter Kartoffelsalat mit Mayonnaise

Šaltibarščiai (Litauen) – Kalter Borschtsch/Rote-Rüben-Suppe. Erfrischende Sommersuppe mit

Roter Beete, Ei und Buttermilch, abgeschmeckt mit Sauerrahm.

Skābu Kāpostu Zupa (Lett- land) – Die »Sauerkrautsuppe« wird mit Zwiebeln, Möhren, Tomaten, Schinken gekocht – und natürlich mit Sauerrahm verfeinert.

Sült (Estland) – Die Deutschen haben auch Rezepte hinterlassen: Sült ist Sülze.

Zagareliai (Litauen) – Pasteten zum Dessert – bisweilen mit einem Schuss Rum

ren festen Platz in der baltischen Gastronomie. Dazu gehört Schaschlik, das in den zahlreichen an den Fernstraßen gelegenen Grills verkauft wird. Ebenfalls ein Relikt aus Sowjetzeiten ist das »Kiewer Kotelett«, ein paniertes Hühnerschnitzel mit Butterblase – Vorsicht beim Schneiden! In den Städten und an Bahn- und Busbahnhöfen bieten darüber hinaus kleine Imbisshäuschen eine Vielzahl gefüllter, oft recht fettiger Teigwaren an, die teils russischen oder weißrussischen, teils lokalen Ursprungs sind.

Auch das Abendessen besteht meist aus warmen Speisen, etwa Würstchen oder verschiedene Arten von Aufläufen zum Beispiel mit Quark. Auch *pelmeņi*, russische Maultaschen, kommen häufig auf den Tisch. Sie sind mit Fleisch oder Pilzen gefüllt. In kleinen Supermärkten liegen bis heute im Gefrierfach allerhand Variationen bereit, auch wenn es sich um eine Spezialität des großen Nachbarlandes handelt.

Die Gastfreundschaft, die den drei Ostsee-Völkern innewohnt, verpflichtet dazu, dem Gast ständig neu aufzutun, aber insbesondere dafür zu sorgen, dass sein Glas ständig gefüllt ist. Wenn Sie also nichts mehr vom lokalen Bier eingeschenkt bekommen möchten – das übrigens in allen drei Staaten gut schmeckt –, dann sollten Sie lieber etwas im Glas lassen und auf diese Weise signalisieren, dass Sie erst einmal genug haben.

Bier ist das Partygetränk Nummer eins. Im Baltikum werden regelmäßig Bierfeste gefeiert. Hochprozentiges, wie in der Sowjetzeit gern getrunkener Wodka, ist eher auf dem Rückzug. Zum Bier werden oft spezielle Snacks vorbereitet, zum Beispiel große Bohnen (kalt serviert) oder geröstetes Knoblauchbrot. Normalerweise kann man diese Biersnacks auch in den Bars bestellen.

Als Erfrischungsgetränk macht eine süße Limonade, die die Russen *kwass* nennen und die Esten *kali*, Coca-Cola durchaus Marktanteile streitig. Tee wird in großen Mengen den ganzen Tag über gekocht und getrunken. Nach dem Essen genehmigt man sich neben Tee auch gern ein kleines Tässchen Kaffee. Der wird im Baltikum allerdings auf türkische Art bereitet, wobei das Kaffeepulver direkt in der Tasse aufgebrüht und dann mit einem Teelöffel untergerührt wird. Übrigens nennen die Balten ihre traditionelle Zubereitungsart selbst nicht »türkisch«, sondern »estnisch«, »lettisch« oder »litauisch«.

In zahlreichen einfachen Restaurants gibt es die traditionellen Speisen in leichten, lokal geprägten Abwandlungen. Um echt litauisch, lettisch oder estnisch zu essen, sollten Sie Häuser mit ausgewiesener Traditionsküche aufsuchen. Dort servieren die Kellner meist in volkstümlicher Tracht, was auch bei traditionsbewussten Balten gut ankommt.

Warme Speisen werden den ganzen Tag über angeboten. Die baltischen Gastwirte sind auf flexible Essenszeiten eingestellt und Restaurants sind meist die ganze Woche über geöffnet.

Wenn sie es sich leisten können, gehen die Einheimischen gern »exotisch« aus, das bedeutet, in italienische oder chinesische Restaurants und – ganz brandneu – in arabische.

Pullover und Hochprozentiges

Das typische Souvenir des Baltikums gibt es nicht. Doch es lohnt sich, nach Authentischem zu suchen

Das Warenangebot hat längst westliche Züge bekommen. Die großen Handelsketten drängen auf den Markt, skandinavische bedecken ganz Estland mit ihren Filialen. Den Charme vergangener Zeiten findet man am ehesten noch auf den großen Märkten, aber selbst hier nähert sich das Angebot dem westlicher Trödelmärkte an.

Auch im Baltikum werden Touristen mit Souvenirs hofiert. Statt traditioneller Waren gibt es oft Plagiate zu kaufen. So sind in Estland kaum noch echte *Kihnu trois* zu finden, Pullover, die auf der kleinen Insel Kihnu gemacht werden. Sie sind etwas kratzig, aber originell.

Das Angebot an Kunsthandwerklichem ist groß: Zu Sowjetzeiten war ein Kunststudium einer der wenigen Wege, eine Nische jenseits der Doktrin zu finden. Vor allem Rīgas Kunstszene hat eine Vielzahl von Ateliers hervorgebracht.

Für Antiquitätenfans waren die baltischen Staaten nach der Wende ein Paradies und noch heute können Sie gute Stücke finden. Glas-, Textil-, Bernstein-, Keramik- und Lederarbeiten sind in allen drei Staaten verbreitet. Der wichtigste Rohstoff der Region ist indes das Holz. Geschnitztes Holzspielzeug oder Holzgeister, wie sie in stattlicher Größe auch in den Wäldern aufgestellt wurden, sind typische Erzeugnisse.

Schon wegen des fremden Etiketts bringen Spirituosen ein Stück Baltikum nach Hause. Die Balten sind zwar Biertrinker, dennoch gibt es Schnapsspezialitäten: Eine estnische Wodkamarke heißt *Vana Tallinn*. In Rīga produziert die Firma *Latvijas Balzams* diverse Liköre, der beliebteste unter ihnen ist der »Schwarze Balsam«. Unter dem Namen *Balzamas* wird ein ähnlich dunkler Kräuterlikör aber auch in Litauen verkauft.

Ein süßer Geheimtipp ist dagegen das baltische Konfekt. Vor allem lettische Süßwarenhersteller waren vor der Sowjetzeit überregional bekannt. Die größten Pralinen- und Bonbonproduzenten heißen *Kalev* (Estland), *Laima* (Lettland) und *Rūta* (Litauen).

Die meisten Geschäfte sind die Woche über von ca. 9 bis 19 Uhr geöffnet. Oft ist auch der Samstag voller Verkaufstag. Marktstände sind außer Sonntag meist täglich bis gegen 17 Uhr aufgebaut.

Beliebt als Mitbringsel: Geflochtenes, Gewebtes oder Handgestricktes

Feste, Events und mehr

Traditionelle Feste kommen bei den Balten zu neuen Ehren

Offizielle Feiertage

1. Jan. Neujahr; **16. Feb.** Unabhängigkeitstag (Litauen); **24. Feb.** Unabhängigkeitstag (Estland);

Erlebnis: Sängerfest in Rīga

11. März Tag der wiedererlangten Selbstständigkeit (Litauen); **Karfreitag** (Estland, Lettland); **Ostermontag** (Estland, Litauen); **1. Mai** Tag der Arbeit (Estland, Lettland); **23. Juni** Tag des Sieges (Estland); **23./24. Juni** Johannistage (Lettland); **24. Juni** Johannistag (Estland); **6. Juli** Krönung Mindaugas' (Litauen); **15. August** Maria Himmelfahrt (Litauen) **20. August** Tag der wiedererlangten Unabhängigkeit (Estland); **1. November** Allerheiligen (Litauen);
18. November Unabhängigkeitstag (Lettland); **25./26. Dezember** Weihnachten

Feste und Veranstaltungen

März

Kasimir-Tag: (Litauen) Namenstag des litauischen Schutzpatrons; auf den wichtigen Plätzen der Städte große Volksfeste u.a. mit traditionellem Tanz und Gesang
Internationales Jazz-Festival in Birštonas (Litauen): Findet in allen Jahren mit geraden Zahlen statt

April

Insider Tipp 1. April (Litauen): *Karnevalesker »Unabhängigkeitstag«* der »Freien Republik Užupis« im gleichnamigen Vilniuser Künstler-Stadtteil. Mitte April (Estland): *Studententage* in Tartu. Highlife in Bars und Diskos. Letzte Aprilwoche (Estland): *Internationales Jazz-Festival Jazzkaar* in Tallinn, *www.jazzkaar.ee*

Mai

Folklorefestival (Litauen): *Skamba, skamba kankliai* – »Es klingen und klingen die Zithern« in Vilnius

Internationales Theaterfestival Life in Vilnius; größtes Theaterfest im Baltikum, *www.life.lt*

Juni

Anfang Juni (Estland): *Altstadttage* in Tallinn; Buden und Konzerte, Aufführungen und Kostüme
Grillfest Mitte Juni in Pärnu (Estland), riesige Sommersause mit viel Musik und Barbecue
Internationales Rīgaer Opern-Festival (Lettland): Aufführungen von großem internationalem Ruf
Johannisfest: 23./24. Juni (alle): Die Sommersonnenwende wird ausgelassen gefeiert mit speziellen Speisen, Johannisfeuern und Tanz.

Juni/Juli

⭐ Die *Sängerfeste* finden alle vier bis fünf Jahre statt: Die Esten feiern ihr Fest vom 2. bis 4. Juli 2004 in der Freiluftarena (Lauluväljak) in Tallinn, das nächste ist 2009. 2007 ist das gesamtlettische Sängerfest im Rīgaer Mežaparks, das gesamtlitauische im Vilniuser Vingio parkas.

Juli

2.–9. Juli (Litauen): *Pilgermarsch* zur Kirche Mariä Heimsuchung am Kalvarienberg 20 km von Telšiai.
Biersommer (Estland) in der ersten Juliwoche in Tallinn, *www.ollesummer.ee*
Festival für Alte Musik (Lettland): Tanz und Gesang am 3. Juliwochenende in drei Schlössern in und um Bauska
Ende Juli (Estland): *Woodstock* in Viljandi; Hippiemusik aus aller Welt

Ende Juli/Anfang August (Litauen): *Thomas-Mann-Festival* in Nida; Lesungen und Konzerte
Ende Juli (Estland): *Operntage auf Saaremaa, www.tt.ee/ooperipaevad/avai.htm.*
Das internationale *Folklorefestival Baltica* tragen die drei Länder abwechselnd in jedem Jahr aus. Estland: *Sommerski-Spektakel* inTartu

August

Rock- und Jazzfestival »Libauer Bernstein« im lettischen Liepäja.
Insider Tipp Ende August (Estland): Abschlussfest *»Sommerhauptstadt«* in Pärnu. Tanz am Strand mit dem Ministerpräsidenten

September

Studententage (Estland) Mitte September in Tartu: Openend in Kneipen und Diskos, Konzerte und Bandwettstreite

November

Ende November/Anfang Dezember (Estland): *Filmfestival* »Dunkle Nächte«; *www.poff.ee*

Bühne im Blick: Sänger in Tallinn

Inseln, Moore und quirlige Städte

Die estnische Hauptstadt Tallinn zeugt von der großen Geschäftstüchtigkeit eines kleinen Volkes

Der erste Eindruck von Estland (estn.: Eesti) reizt das Ohr. Eher gesungen als wirklich gesprochen, mit einer Fülle von langen und kurzen Vokalen, wirkt die estnische Sprache für Menschen mit mittel- oder westeuropäischen Hörgewohnheiten ausgesprochen fremd. *Eesti keele õpimine on väljakutse* – »Estnisch zu lernen ist auch für Sprachbegabte eine Herausforderung«.

Markttag in Kuressaare

Der zweite Eindruck fällt ins Auge: Estland wirkt sehr nordisch-skandinavisch. Nadelbäume dominieren im kleinsten baltischen Land, das im Westen und im Norden von der Ostsee umspült wird. Im Osten bildet der riesige Peipus-See die Grenze zu Russland. Das Klima ist vergleichsweise frisch und der Sommer Ende August schon wieder vorbei. In Juninächten wird es nicht richtig dunkel, im Winter versinkt das Land im Schnee. Holzhäuschen werden bis in die Innenstädte hinein gebaut.

Nordisch erscheint auch der Charakter der 1,4 Mio. Esten, die eher leise und zurückhaltend wirken. Doch wer sie deswegen für et-

Pärnu ist auch bei wohlhabenden Urlaubern ein beliebter Kurort

was schrullige Eigenbrötler hält, irrt sich gewaltig.

In der Altstadt der estnischen Hauptstadt Tallinn, wo gotische Rathaus- und Kirchtürme schlank und spitz am Himmel kratzen, kann man sich erst recht vorstellen, irgendwo in Skandinavien zu sein. In den Vitrinen der restaurierten Altstadthäuschen tragen die Schaufensterpuppen wollene Schwedenpullover nordischer Modeketten, hölzerne Figuren mit Bierkrügen in der Hand locken in eines der zahlreichen Cafés und Restaurants, und Passanten wuseln bis spät in den Abend in den krummen Gassen der Stadt umher, das Mobiltelefon am Ohr. In Estland gibt es mehr Funkanschlüsse als Festnetztelefone.

Wer genau hinschaut, wird entdecken, dass die Sowjetvergangen-

Machtdemonstration: die Festungen Narva (links) und Iwangorod (rechts)

heit nur etwas mehr als zehn Jahre zurückliegt. Die Straßenbahn außerhalb der mittelalterlichen Stadtmauern kriecht nur vorsichtig vorwärts, knarrt und wackelt doch bedenklich. Die russische Sprache ist sehr präsent. Immerhin ist etwa ein Drittel der Bewohner Tallinns russischen Ursprungs. Viele dieser Minderheit leben im Tallinner Plattenbauviertel Lasnamäe.

NARVA

[121 F2] ★ Die Reise in Estlands östlichste Stadt (70 000 Ew.) ist vor allem wegen ihrer Festung interessant. Selten sind historische Konstellationen so eindrucksvoll zu Stein geworden. Denn dieser Burg stellte Iwan III. am anderen Ufer der Narva ein nicht minder massives Bauwerk gegenüber: die Festung Iwangorod. Seit 1991 bildet der Fluss die russische Westgrenze.

SEHENSWERTES

Festung (Hermanni linnus)

Die Festung wurde von den Dänen auf- und vom Deutschen Orden und später den Schweden umgebaut. Die Ordensritter tauften die Festung Hermannsfeste. 1492 bauten die Russen die Feste Iwangorod am anderen Flussufer. Peter dem Großen gelang es 1704, Narva zu erobern, die eine der am besten gesicherten Festungen Nordeuropas war. Im *Stadtmuseum* in der Burg sind die Beschriftungen nur zum Teil auf Englisch, es sind aber viele deutschsprachige Originaldokumente zu sehen. *Mi–So 10–18 Uhr, Peterburi 2, Zugang hinter dem Petersplatz*

Kreenholm-Manufaktur (Kreenholmi Manufaktuur)

Narva ist ein traditioneller Textilstandort. Die Ziegelbauten der Manufaktur wurden Ende des 19. Jhs.

erbaut. Werksverkauf von Handtüchern und Stoffen. *Mo–Fr 9–17 Uhr, Kose 25*

ESSEN & TRINKEN

King
Europäische Küche: von Zunge auf Mayonnaise bis Hühnerfilet mit Pfirsich. *Lavretsovi 9, Tel. 035/ 724 04, €–€€*

ÜBERNACHTEN

Liivarand
Das Haus liegt etwas außerhalb direkt am Meer und bietet Zimmer aller Preiskategorien. *43 Zi., Koidula 21, Tel. 035/774 39, Fax 773 41, liivarand@hot.ee, €–€€€*

AUSKUNFT
Puschkina 13, Tel. 035/601 84, Fax 601 86, info@narva.tourism.ee

PÄRNU (PERNAU)

[119 E5] ★ Pärnu ist seit 1838 offizieller Kurort. Nicht nur wegen des breiten, kilometerlangen Sandstrandes: Dem Ostseeschlamm an der estnischen Westküste wird heilsame Wirkung zugeschrieben. Vor allem in den 1920er- und 1930er-Jahren während der ersten Unabhängigkeit boomte das Kurwesen. Die Stadt mit ihren 50 000 Einwohnern ist die offizielle estnische Sommerhauptstadt. Zum Sommeranfang wird symbolisch ein Schlüssel aus der Hauptstadt Tallinn übergeben, und Ende August gibt es direkt am Sandstrand ein rauschendes Abschlussfest mit Beteiligung hochrangiger Politiker. Außerhalb der Saison geht es dagegen verschlafen zu. Die Bucht ist windgeschützt und weit bis ins Meer hinaus sehr flach. Landeinwärts flankiert ein hüb-

MARCO POLO Highlights
»Estland«

★ **Domberg**
Im ältesten Teil Tallinns durfte sich im Mittelalter nur die deutschbaltische Oberschicht aufhalten (Seite 38)

★ **Narva**
Beim Wettkampf der Burgenbauer entwarfen Russen wie Deutsche mächtige Bauten (Seite 30)

★ **Pärnu**
Baden in einer der schönsten Buchten des Baltikums (Seite 31)

★ **Saaremaa**
Windmühlen geben Estlands größter Insel einen eigenen Charme (Seite 34)

★ **Universität**
Ein Campus im Grünen in Tartu (Seite 45)

★ **Lahemaa**
Urwüchsige Natur an der Küste (Seite 43)

★ **Somaa**
Wandern im Nationalpark (Seite 34)

scher Parkgürtel die Bucht, der gesäumt ist von Cafés, Diskotheken und Hotels.

SEHENSWERTES

Katharinenkirche (Katariina kirik)
Die unter Katharina II. im 18. Jh. errichtete Kirche ist das steinerne Wahrzeichen der Stadt. Das Bauwerk wurde mit seiner großen Kuppel und den Türmchen zum Vorbild für zahlreiche orthodoxe Kirchen im Baltikum und in Weißrussland. *Mo bis Fr 11–18, Sa/So 9–18 Uhr, Vee 8*

Konzerthaus (Konsterdimaja)
Estlands modernstes Konzerthaus, interessant auch nur zum Besichtigen. Bühne und Zuschauerraum können je nach Anlass auf verschiedene Höhen verschoben werden. *Aida 4, Tel. 044/558 00*

Roter Turm (Punane torn)
Einziges Überbleibsel der mittelalterlichen Befestigungsanlagen aus dem 14. und 15. Jh. Ursprünglich gab es mehrere Ecktürme und einige Tore. *Hommiku 11*

Tallinner Tor (Tallinna värav)
Das barocke Talliner Tor, das an einen Triumphbogen erinnert, ist das einzig erhaltene Tor der im 17. Jh. gebauten Befestigungsanlagen. Heute führt der Weg nach Tallinn über die im letzten Jahrhundert errichtete Brücke. *Kuninga 1*

MUSEEN

Kunstzentrum »Chaplin« (Chaplini Kunstikeskus)
Wechselnde Ausstellungen moderner Kunst. Internetservice. Im Sou-

venirgeschäft gibt es Pullover aus Kihnu. *Tgl. 9–21 Uhr, Esplanaadi 10, www.chaplin.ee*

Lydia Koidula Museum (Lydia Koidula Muuseum)
Die Dichterin Lydia Koidula war zentrale Figur der nationalen Bewegung des 19. Jhs. In diesem Haus wuchs sie auf. *Mi–So 10–17 Uhr, Jannseni 37*

ESSEN & TRINKEN

Jahisadama Kõrts
Authentische Seemannsatmosphäre im »Yachthafen«. Auch zum Draußensitzen. *Lootsi 6, Tel. 044/717 60, €€*

Munga
Freundliche, intime Wohnzimmeratmosphäre. Die für Pärnu etwas teureren Speisen befriedigen auch gehobene Ansprüche. *Munga 9, Tel. 044/310 99, €€*

ÜBERNACHTEN

Bristol Victoria
Aristokratisch anmutendes Haus direkt an der Einkaufsstraße. *17 Zi., Rüütli 45, Tel. 044/434 12, Fax 434 15, www.victoriahotel.ee, €€*

Kalevi Pansionaat
Minimalistische Einrichtung, dafür aber sauber – und in Strandnähe. Die Duschen sind auf dem Gang. *17 Zi., Ranna 2, Tel./Fax 044/257 99, €*

Villa Ammende
Edle, individuell eingerichete Zimmer in einer Jugendstilvilla mit Gartenanlage. *24 Zi., Mere 7, Tel. 044/738 88, Fax 738 87, €€€*

Zimmervermittlung (Majutusbüroo)

Zimmer und ganze Wohnungen ab ca. 12 Euro am Tag. *Rund um die Uhr; Hommiku 5, Tel. 044/310 70*

FREIZEIT & SPORT

Fahrradverleih Kaaplus ratas

Mo–Fr 10–18, Sa 10–14 Uhr; Riia 95, Tel. 044/440 32

Yachtclub

Alles rund um Wassersport bietet der *Jahtclubi*. Hier kann man vom Boot bis zum Surfbrett alle sportlichen Hilfsmittel leihen. Segelkurse. *Lootsi 6, Tel. 044/778 77*

STRAND

Gleich hinter den Cafés und Diskos entlang der Ranna-Straße (Ranna = dt. Strand) sind Sie an einem der schönsten und saubersten Strände des Baltikums.

AM ABEND

Rathaus – Raekoda

Hier werden in stilvoller Umgebung gelegentlich klassische Sommerkonzerte gegeben. *Nikolai 3, Tel. 044/764 92*

Rüütli Hoov

🏃 Bei Jugendlichen beliebte Bar in der Haupteinkaufsstraße mit Freiluftplätzen im Hof. *So–Fr 11–23, Sa 11–1 Uhr; Rüütli 29*

Sunset Club

🏃 Diskothek direkt am Meer und der Ort, an dem die Sommerstrandfeste in Verlängerung gehen. *Mi–So 22–4 Uhr; Ranna 3, www.sunset club.ee*

Im Sommer nie leer: Pärnus Strand

AUSKUNFT

Rüütli 16, Tel. 044/730 00, Fax 730 01

ZIELE IN DER UMGEBUNG

Kihnu   [119 D5]

Beim Tagesausflug auf diese ca. 40 km von Pärnu entfernte kleine Insel werden Sie sehen: Viele Frauen kleiden sich noch mit den traditionellen dicken, gestreiften Röcken. Hier werden auch noch original Kihnu-Pullover von Hand gefertigt. Achtung: Es gibt nur drei Dörfer und kein Hotel, aber ein kleines Restaurant, das bei Bedarf öffnet. Fähre: *Vom Munelaid-Hafen ca. 50 km von Pärnu, es gibt Busverbindungen; erstes Schiff nach Kihnu: Mo–Sa 9 Uhr; So 10 Uhr; letztes*

Schiff zurück: täglich 16.15 Uhr; Informationen zu Kihnu im Munelaid-Hafen, Firma Kihnurand: Tel. 044/699 24

Soomaa [120 A–B 4–5]

★ Ein Besuch des Nationalparks Soomaa, zwischen Pärnu und Viljandi gelegen, sollte bei einer Reise nach Estland nicht fehlen. Im Soomaa-Park (von Pärnu ca. 100 km zum Besucherzentrum bei Tipu) kann man hervorragend wandern. Bei Viljandi gibt es neben Flüssen und unberührten Seen Hochmoore, die Sie unbedingt begehen sollten. Einen Führer vermittelt Ihnen das Besucherzentrum. In Soomaa können Sie auch in einer »schwimmenden Sauna« schwitzen oder Ihre handwerklichen Fähigkeiten am Holz beim Bau eines Einbaums beweisen. Lassen Sie sich am besten anrufen, wenn der Abreisetag gekommen ist – denn in Soomaa vergisst man alles um sich herum.

Besucherzentrum (Külastuskeskus): *von Pärnu über die Fernstraße 56, in Kõpu der Ausschilderung »Rahvuspark« (dt. Nationalpark) folgen (23 km). Das Zentrum liegt mitten im Wald hinter dem Dörfchen Tipu (Tel. 043/571 64, www.soomaa.ee)* Informationsbüro in Viljandi: *Vabaduse 4, Tel. 043/305 95, Fax 305 94;* Kanuzentrum: *in Saarisoo, Tel. 050/618 96, www.soomaa.com.* Die Tourveranstalter kennen und vermitteln die besten Jagd- und Holzhäuser mitten im Reservat. Unterkunft in Viljandi: *Peetrimõisa, Gästehaus am Stadtrand, 6 Zi., Pirni 4, Tel. 043/430 00, kein Fax, €; Männimäe, Gasthaus am See mit Sauna und Internet, 13 Zi., Riia 52 d, Tel. 050/963 30, kein Fax, www.mannimaja.ee, €*

[118 A–C 4–6] ★ Saaremaa, die größte der vielen estnischen Inseln, ist urwüchsiger und noch einsamer als das Festland, staubige Pisten führen zu zerklüfteten Buchten, die von Nadelwäldern gesäumt werden. Typisch sind hölzerne, auf Steinböcken errichtete Windmühlen. Die Insel bietet sich für eine Rundtour per Mietwagen oder Rad an. Die Hauptstadt *Kuressaare* (16 000 Ew.) ist mit seiner erhaltenen Festungsanlage allemal eine Besichtigung wert. Trubel wie in Pärnu darf man dort aber auch im Sommer nicht erwarten.

Nach Saaremaa gelangt man mit dem Flugzeug oder mit Hilfe der preisgünstigen Autofähre (zwei Personen und PKW 6 Euro). Diese verbindet das Festlandstädtchen Virtsu im Zweistundentakt mit der vorgelagerten Insel Muhu, die wiederum durch einen schmalen Damm mit Saaremaa verbunden ist.

ZIELE AUF SAAREMAA

Bärensee (Karujärv)

Traumhafter Badesee mit Sandstrand mitten in einem Naturschutzgebiet, umgeben von Wald und wilden Beerensträuchern. Er verdankt seinen Namen einer Legende um kämpfende Bären. *Auf der Straße von Kuressaare nach Kärla, durch den Ort nach Norden Richtung Pidul/Mustjala. Zum See nach ca. 10 km links abbiegen*

Kratersee (Kraaterjärv)

Der Kratersee von Kaali gehört zu den meistbesuchten Naturschönheiten Saaremaas. Ein Meteor

Windmühlen prägen die Landschaft Saaremaas

schlug hier vor Jahrtausenden ein kreisrundes Loch in den weichen Boden. *Von Kuressaare Richtung Valjala, kurz nach dem Abzweig Püha links zum Dörfchen Kaali*

Kuressaare

Die Inselhauptstadt hat ihren beschaulichen Charakter trotz des zunehmenden Tourismus bewahrt. Wichtigste Sehenswürdigkeit ist die kompakt-würfelförmige *Bischofsburg (Kuressaare linnus)* aus dem 14. Jh. Die Burg des deutschen Ritterordens ist voller verwinkelter Gänge und mittelalterlicher Gewölbe. Der Bau des Gebäudes aus Dolomitstein dauerte 100 Jahre. Original erhalten ist das auf massiven Pfeilern ruhende Kreuzgewölbe des alten Refektoriums. Achten Sie auf die Inschrift Arensburg über der Hauptzufahrt: So hieß die Stadt bis 1917; unter den Kommunisten wurde sie Kingisepp genannt. Das Museum ist etwas überladen und leider nur Russisch und Estnisch beschriftet.

Windmühlen

Eine ganze Anzahl der hölzernden Wahrzeichen steht an der Straße von Kuressaare nach Leisi etwa fünf Kilometer vor Leisi linker Hand beim Dörfchen Angla. In der Dämmerung wirken die Mühlen wie gespenstische Riesen und wecken womöglich noch Don Quichote. Früher gab es 800 Getreidemühlen auf Saaremaa, heute dienen die verbliebenen als Touristenattraktion. Halten Sie auf jeden Fall auch zwei 2 km weiter Richtung Kuressaare in Karja, und besichtigen Sie dort die mittelalterliche *Katharinenkirche* (Ende 13. Jh.), die im westfälischen Stil erbaut wurde. In Angla gibt es auch einen kleinen Campingplatz *(Mobiltel. 05669/20 62).*

MUSEUM

Mihkli Bauernmuseum

Das Haus musste nicht erst umgebaut werden: Die Möbel und Gegenstände aus acht Generatio-

nen wurden einfach aufbewahrt. *Mai–Aug. tgl. 10–18 Uhr, im Dörfchen Viki kurz vor Kihelkonna*

ESSEN & TRINKEN

Altstadtbäckerei
Westestnische Torten und Salate. *Mo–Sa 11–21 Uhr, So 11–18, Kauba 10, Kuressaare*

Daissy
Im Keller des gleichnamigen, sehr teuren Hotels gibt es tolle Wildgerichte. *Tallinna 15, Kuressaare, Tel. 045/335 26, €€ – €€€*

Veski
In der steinernen »Mühle« gibt es nationale Küche – und Livemusik in Sommernächten. *Pärna 19, Kuressaare, Tel. 045/337 76, €€*

EINKAUFEN

Hansa Art Salon
Handgemachte, hochwertige Keramik und Glaswaren. Im Geschäft befindet sich auch ein kleines Café.

Tgl. 12–22 Uhr, Tallinna 9, Kuressaare

Markt (turg)
Der kleine, nette Markt befindet sich direkt gegenüber dem Rathaus von Kuressaare am Zentrumsplatz *(Keskväljak).* Textilien und Handarbeiten werden angeboten.

ÜBERNACHTEN

Laura
Ein kleiner Geheimtipp – so preiswert und so zentral. Leider nur wenige Zimmer vorhanden – Reservierung unbedingt notwendig! *4 Zi., Kohtu 2, Kuressaare, Tel. 050/ 242 37, kein Fax, €*

Pädaste   Inside Tipp
Ein Traum im Wald: Übernachten im nobel restaurierten Gutshof aus dem 13. Jh. Das Pädaste liegt auf der Insel Muhu, unweit des Anlegeplatzes der Fähre zum Festland. *9 Zi. in mehreren Gutshäusern, Pädaste Mõis, Muhu, Tel. 045/488 00, Fax 488 11, www.padaste.ee, €€€*

Betrunkene Elche

Missverständnisse bleiben auch unter Sprachverwandten nicht aus

Finnische Touristen ziehen besonders an Wochenenden zahlreich durch Tallinns Altstadt. Während daheim strenge Alkoholgesetze gelten, nutzen zahlreiche Finnen die Chance für ausgedehnte Trinktouren. Die Esten erzählen recht gern, sie würden das Tun der »Elche« aus dem reicheren Norden verachten, wie sie die trunkenen Finnen schimpfen. Nur: »poro«, das finnische Wort, das zum beliebten Schmähwort avanciert ist, heißt übersetzt gar nicht »Elch«, sondern »Rentier«. Manchmal ist die Völkerverständigung sogar zwischen sprachverwandten Völkern schwierig.

Spa Hotel Rüütli

Eines der neuen Kurhotels auf Saaremaa. Es liegt direkt am Strand hinter der Bischofsburg von Kuressaare. *93 Zi., Pargi 12, Tel. 045/481 00, Fax 481 99, www.sanatoorium.ee, €€*

Vanalinna Võõrastemaja

Landhausstil im Stadtzentrum – ein Haus mit Charme. *15 Zi., Kauba 8, Kuressaare, Tel. 045/336 89, Fax 553 09, www.vanalinna.ee, €€*

STRAND

In Kuressaare liegt ein Sandstrand gleich hinter der Bischofsburg, auch an der Straße nach Salme kurz hinter Nasva. <mark>Einsame, raue Buchten</mark> finden Sie an der Nordküste zwischen Leisi und Metsküla.

Insider Tipp

AM ABEND

Vaekoda

🏃 Schlicht eingerichteter, populärer Pub mit freundlichem, ruhigem Service. Auch warme Speisen. *Tgl. ab 10 Uhr, Tallinna 3, Kuressaare*

AUSKUNFT

Tallinna 2, Kuressaare, Tel./Fax 045/331 20

ZIEL IN DER UMGEBUNG

Hiiumaa   **[118 A–C 2–3]**

Die kleinere Nachbarinsel (12 000 Ew.) war einst ein berüchtigtes Piratennest. Auf dem flachen Eiland sind die Möwen eindeutig in der Überzahl. Eine Fähre fährt von Triigi bei Leisi nach Sõru. *Überfahrt 1 Std., Abfahrt ab Triigi 8, 14, 17 Uhr, Rückfahrt 9.30, 15.30, 18.30 Uhr*

TALLINN (REVAL)

 Karte in der hinteren Umschlagklappe

[119 E–F1] Tallinn (400 000 Ew.) ist das vitale ökonomische und politische Zentrum Estlands. Den Stadtvätern ist es gelungen, den historischen Charakter der Stadt zu erhalten, deren Stadtmauern, Kaufmannshäuser und Festungsanlagen bis ins 13. Jh. zurückdatieren und als einzigartiges mittelalterliches Ensemble zum Unesco-Weltkulturerbe gehören.

Die Altstadt ist zweigeteilt: Der Domberg im Südwesten ist der eigentliche Geburtsort der Stadt. Während rund um die alte Domkirche und die Ordensburg die mittelalterlichen Spitzen der Gesellschaft residierten – Adel, Geistlichkeit und Repräsentanten des Deutschen Ordens –, zeugt die Unterstadt vom Aufstieg Tallinns im Zeichen des Fernhandels. Dort stehen windschiefe Kaufmannshäuser aus der Hansezeit mit restaurierten Lastbalken am Giebel.

Im Vergleich zum metropolen Ernst der viel größeren lettischen Hauptstadt Rīga wirkt Tallinn aufgedrehter, zappeliger, lebendiger. Von ihren zahlreichen Bars, Restaurants, Diskos und Sexclubs fühlen sich vergnügungsfreudige Besucher vor allem aus Finnland angezogen.

SEHENSWERTES

Ein offizieller Stadtrundgang wird von der Stadtverwaltung organisiert: *tgl. 14 Uhr, Raekoja plats 17; auch deutschsprachige Führung auf Anfrage möglich,* Auskunft: *Tel. 0/645 79 00*

Domberg (Toompea)

★ Der Domberg ist wichtiger Schauplatz des estnischen Gründungsepos Kalevipoeg: Der Sage nach ist der Kalkberg Grabstätte der finnisch-estnischen Gestalt Kalev und Wahrzeichen der Stadt. Hier befand sich ursprünglich eine altestnische Siedlung, bevor erst die Dänen, dann die deutschen Ritter eine Burg errichteten.

Die wichtigste Sehenswürdigkeit ist der *Lange Hermann (Pikk Hermann)*, größter erhaltener Turm der alten Burg (13. Jh.). Teile der Anlage wichen dem *Schloss* Katharinas II., das heute Sitz des estnischen Parlaments (estn.: *Riigikogu, Lossi plats 1 a*) ist. Die Parlamentsverwaltung organisiert Führungen bei ausreichender Nachfrage *(Tel. 0/631 63 57 oder 631 63 45, Fax 631 63 47)*. Gegenüber ein weiteres markantes Bauwerk aus der Zarenzeit: die orthodoxe *Alexander-Newski-Kathedrale (Alexander-Nevski-katedraal)* im Stil des russischen Historismus mit Zwiebeltürmen. Sie wurde gegen Ende des 19. Jhs. erbaut *(geöffnet tgl. 8–19 Uhr)*. Älter ist die *Domkirche (Toom kirik)*, eines der ältesten Gotteshäuser Estlands (13. Jh., *Di–So 9–15.30 Uhr, Toomkooli 6*).

Drei Schwestern (Kolm õde)

Die Schwestern sind drei der schönsten Beispiele mittelalterlicher Bausubstanz in Tallinn. Wie bei allen Kaufmannshäusern des Mittelalters waren sie Wohn- und Lagerräume zugleich. Die Gebäudegruppe (erste Hälfte des 15. Jhs.) ist das Gegenstück zu den »Drei Brüdern« von Rīga. Die spitzen Fensterbögen wurden nachträglich eingepasst. *Pikk 71*

Gildehäuser

Zeugnisse von Wohlstand und Macht der Kaufleute im Mittelalter. Zwei der noch erhaltenen: Das *Haus der Großen Gilde (Suurgildi hoone, Pikk 17)* war einst das Vereinshaus der mächtigsten Kaufmannsorganisation. Es wurde 1410 erbaut. Heute ist es ein Museum. Im *Schwarzhäupterhaus (Mustpeade vennaskonna maja, Pikk 26)* versammelten sich die ledigen Kaufleute. Ihr Wappen prangt über dem Eingang. Im Schwarzhäupterhaus gibt es gelegentlich Konzerte und Tanz *(Tel. 0/631 31 99)*.

Heiliggeistkirche (Pühavaimu kirik)

Wahrscheinlich im späten 13. Jh. erbautes Gotteshaus der vom Papst 1198 gegründeten Bruderschaft des Heiligen Geistes. Während sich im Mittelalter die Gemeinde im Nordteil versammelte, war das Südschiff ein Krankenhaus. Nach der Reformation wurde hier erstmals auf Estnisch gepredigt. Wertvoll ist der Flügelaltar mit 57 biblischen Szenen, den der Lübecker Meister Bernd Notke erstellte. *Tgl. 10–16 Uhr, Pühavaimu 2*

Nikolaikirche (Niguliste kirik)

Der spätgotische Bau (Ende des 13. Jhs.) wurde von holländischen Kaufleuten finanziert, die sich in der Stadt niedergelassen hatten. Die Kirche beherrscht diesen Teil der Altstadt und war seinerzeit nicht nur Gotteshaus, sondern auch ein sicheres Versteck für wertvolle Handelswaren. Heute beherbergt es eine große Ausstellung mittelalterlichen Kunsthandwerks. *Mi–So 10–18 Uhr, Niguliste 3, Führungen in Englisch, Tel. 0/644 99 03*

Angriff zwecklos? Wehrtürme der Tallinner Stadtmauer

Rathaus, Rathausplatz (Raekoda, Raekoja plats)

Sanft wellt sich das Kopfsteinpflaster wie ein schlecht verlegter Teppich: Der Rathausplatz ist damals wie heute Schnittpunkt des städtischen Lebens. Im Sommer finden Feste statt, Cafés stellen Tische ins Freie. Das Rathaus selbst ist das einzig erhaltene gotische Rathaus (1402) des Baltikums. Ganz oben über dem achteckigen Turm auf der Ostseite bewacht der »Alte Thomas«, eine Wetterfahne, die Stadt. Die Besichtigung des prachtvollen Inneren aus der Hansezeit lohnt. Einen besonderen Blick sollten Sie auf die alte Apotheke werfen (Raekoja plats 11). Hier werden seit mindestens 600 Jahren Medikamente verkauft.

Stadtmauer (Linna müür)

Vom 13. Jh. an wurde die Unterstadt in die Burgbefestigung auf dem Domberg integriert, die Mauer dafür Stück für Stück erweitert. Am Ende stand eines der größten Bollwerke des nordeuropäischen Mittelalters: 3 m dick, 16 m hoch, 46 Wehrtürme. Gut die Hälfte des Bauwerks ist erhalten und an mehreren Stellen begehbar. Sehenswerte Türme: *Kiek in de Kök, Mägdeturm (Neitsitorn)*

Der kleine, versteckte Platz *Lühike jalg* inmitten der alten Stadtbefestigung und in der Nähe des Mägdeturms gehört zu den romantischsten Plätzen Tallinns und ist Treffpunkt für Jugendliche.

Ukrainisches Kulturzentrum (Ukraina Kultuurikeskus)

Versteckt in einer Altstadtstraße haben ukrainische Mönche ein altes Klostergelände liebevoll wiederhergestellt und eine Kunstwerkstatt sowie eine Herberge eingerichtet. Der Briefkasten an der Außenwand nimmt Probleme von den Schultern: Die Mönche beten für jeden,

Insider Tipp

Insider Tipp

der sie ihnen auf diesem Weg mitteilt. Das Angebot gilt auch für Touristen. *Laboratootumi 22, So 12.30–14.00 Uhr, oder nach tel. Anfrage: 0/641 19 63*

MUSEEN

Besatzungsmuseum (Okupatsioonide Muuseum)

In dem modernen Haus brachte Estland seine leidvollen Erfahrungen mit Sowjets und Nazis in einem Museum unter. *Di–So 11–18 Uhr, Toompea 8, www.okupatsioon.ee*

Dicke Margarete (Paks Margareeta)

In dem Geschützturm aus dem 16. Jh. ist das *Estnische Museum für Seefahrt* untergebracht. Allerlei Utensilien dokumentieren die Geschichte des Seehandels im Zeichen der Hanse. *Mi–So 10–18 Uhr, Pikk 70, www.tallinn.ee/meremuuseum*

Geschichtsmuseum (Ajaloomuuseum)

Das Museum im Haus der Großen Gilde zeigt Münzen, Gemälde und andere Ausstellungsstücke zur Geschichte Estlands. Die Beschriftung ist auf Englisch. *Mi–So 11–18 Uhr, Pikk 17, www.eam.ee*

Katharinental (Kadriorg)

Barocke Privatvilla Peters des Großen (erbaut 1719–25) im Grünen, benannt nach seiner Frau Katharina. Heute beherbergt die Sommerresidenz die wichtigste Kunstsammlung Estlands mit einigen holländischen Meistern – die meisten Kunstwerke wurden in der NS-Zeit nach Deutschland entführt. Erholsam: ein Spaziergang im Schlosspark. *Mai–Sept. Di–So 10–17 Uhr,*

Okt.–April Mi–So 10–17 Uhr, Weizenbergi 37, www.ekm.ee

Rocca al Mare

Im Freilichtmuseum stehen noch originalgetreue estnische Bauernhäuser. Das Gelände an der Bucht von Kopli ist 64 ha groß und in die vier verschiedenen ethnografischen Regionen Estlands unterteilt. *Tgl. 10–18 Uhr, Vabaõhumuuseumi 12, ca. 10 km von der Stadtmitte, Bus 21 und Trolleybus 6*

Stadtmuseum (Tallinna Linnamuuseum)

Die Ausstellung zeigt Tallinns Geschichte multimedial. *Mi–Mo 11 bis 17 Uhr, Vene 17, www.linna muuseum.ee*

ESSEN & TRINKEN

Eesti Maja

In dem schlicht eingerichteten Restaurant werden estnische Gerichte serviert. Probieren Sie *mõgu*, das ist *kali* (süße Limonade) mit Honig. Süßer geht es nicht. *Lauteri 1, Tel. 0/ 645 52 52, www.eestimaja.ee, €€*

Gloria

Glt als Tallinns bestes Restaurant – berühmte Gäste führten hier schon Messer und Gabel. *Müürivahe 2, Tel. 0/644 69 50, www.gloria.ee, €€€*

Kloostri ait

🏃 Gemütliche Gaststätte mit Kamin, manchmal spielt ein Musiker auf der kleinen Bühne. Alternativszene und Künstler. *Vene 14, Tel. 0/641 83 74, €€*

Neitsitorn

🔽 Das Café am Mägdeturm bietet estnisches Essen mit einem tollen

Altstadtblick. *Lühike jalg 9 A, Tel. 0/644 08 96,* €

Olde Hansa

Eventgastronomie mit phantasievollen Speisen und mittelalterlichen Klängen. Gutes Preis-Leistungs-Verhältnis für ein solches Programm. *Vanaturg 1, Tel. 0/627 90 20, www.oldehansa.com,* €€€

Paat

Das Gebäude ist ein stilisiertes gestrandetes Boot. Es gibt Fischgerichte und Blick auf die Ostsee. 15 Min. mit dem Auto vom Stadtzentrum. *Rohuneeme 53, Tel. 0/609 08 40, www.paat.ee,* €€€

Seiklusjutte Maalt Ja Meerelt

🏃 »Abenteuer zu Lande und zu Wasser.« Die Speisekarte der urigen Gaststätte ist Abenteuerromanen nachempfunden. Probieren Sie »Kapitän Nemos Hühnerfilet«. *Tartu 44, Tel. 0/601 07 63, www.seiklus jutte.ee,* €€

Von Krahli Baar

Großzügige Portionen für den großen Hunger zwischendurch. *Rataskaevu 10, Tel. 0/626 90,* €

EINKAUFEN

Aurum

Der Juwelier verkauft Kostbarkeiten – und prüft gegen Entgelt ob Ihr Bernsteinkettchen echt ist. *Mo–Fr 10–19, Sa 10–15 Uhr; Kullassepa 4*

Kadaka Markt (Kadaka turg)

Der Markt ist ein Geheimtipp für Souvenirjäger. Er hat etwas von einem deutschen Trödelmarkt, zusätzlich gibt es viel altsowjetischen Klimbim, billige Textilien und raub-

kopierte CDs. *Die Stände sind von Mo–Sa bis gegen 17 Uhr geöffnet, Tammsaare 116, Trolleybus 1*

Katharinengilde (Katariina gild)

Gegründet haben die »Gilde« 13 Frauen, die sich in der Kunsthochschule kennen lernten. Jetzt kann man Tuchmacherinnen, Glasbläserinnen oder Gerberinnen bei der Arbeit zuschauen und natürlich Werke abkaufen. *Tgl. 12–18 Uhr; Vene 12, Tel./Fax 0/644 53 65*

Keraamik Ateljee

Fantasievolle Ton- und Keramikarbeiten. *Keine festen Öffnungszeiten, Pikk 33*

Modedesigner

Baltische Frauenmode, nicht billig: *Bastion, Viru 12; Sangar, Suur-Karja 19; Ivo Nikkolo, Suur-Karja 14; Kairi Vilderson, Aia 3*

ÜBERNACHTEN

Domina Ilmarine

Schmale, zweigeschossige Suiten in einer umgebauten Maschinenfabrik. Tallinns originellstes Hotel. *155 Zi., Põhja 23, Tel. 0/614 09 00, Fax 614 09 01, ilmarine@domina.ee,* €€€

Hostel

🏃 In einer von Touristen wenig besuchten Ecke der Altstadt bietet der Gasthof im Stil einer Jugendherberge Mehrbettschlafsaal und Doppelzimmer. Frisch renoviert. *10 Zi., Uus 26, Tel. 0/641 12 81, kein Fax,* €

Merevaik

Preiswert und sehr einfach ausgestattet, etwas außerhalb der Stadt gelegen. *26 Zi., Sõpruse 182, Tel.*

*0/655 37 67, Fax 656 11 27,
www.hostelmerevaik.ee, €*

Mihkli

In einem Altbau nicht allzu weit von der Altstadt entfernt. Hotelgäste können die drei Saunas kostenlos benutzen. *61 Zi., Endla 23, Tel. 0/666 48 00, Fax 666 48 88, www.mihkli.ee, €€*

Olematu Rüütel

🏃 Zu den drei Zimmern gehört nur eine Toilette. Aber auf dem Domberg hat diese Herberge eine unbestreitbar exquisite Lage. *Kiriku põik 4 a, Tel. 0/631 38 27, Fax 631 38 26, nonexistent@hot.ee, €*

Reval Express Hotel

Zwischen betongrauer Stadthalle aus Kommunistenzeiten und Hafenterminal liegt es nicht gerade an Tallinns schönster Seite. Aber innen ist es hell, modern und sauber – und nur ein paar Hundert Meter von der Altstadt entfernt. *166 Zi., Sadama 1, Tel. 0/667 87 00, Fax 667 88 00, www.revalhotels.com/eng/expresshotel/, €€*

Schlössle

Das Schlössle ist Estlands erstes 5-Sterne-Hotel. Natürlich in der Altstadt gelegen. *23 Zi., Pühavaimu 13–15, Tel. 0/699 77 00, Fax 699 77 77, www.schlossle-hotels.com, €€€*

FREIZEIT & SPORT

Gesangsarena (Lauluväljak)

Auch ohne Sängerfest ist in der Freiluftarena immer etwas geboten: Rollschuhbahn und -verleih, Buden, Märkte, Konzerte. *Narva 95, Tel. 0/611 21 00, www.lauluvaljak.ee*

Sauna (Saun)

〰 Im Hochhaushotel Olümpia mit fürstlicher Aussicht auf die Altstadt – direkt aus Sauna und Bassin. Die Anlage reicht für 4–6 Personen *(Liivalaia 33, 40 Euro/Std)*. Preiswerter: kleine Mietsaunen für ca. 10–12 Euro/Std., etwa *Kempens-Sauna, Raua 23*. In der gleichen Vorhalle geht es auch in die sehr preiswerte »Volkssauna«, die ist allerdings immer sehr voll.

Sonne anbeten

Einer der beliebtesten Orte zum Sonnenbaden: der Wiesenstreifen zwischen Harju-Straße und Nikolaikirche.

STRAND

Pirita

Kleiner Ort mit überdimensionalen Hotelanlagen und wunderschönem Sandstrand an der Tallinner Bucht. Mit Yachthafen, Disko, Kinderrutsche und vielen Surfern. Vor dem Hafen befindet sich auch das riesige Sportzentrum, das zur Olympiade 1980 eröffnet wurde. Auf der gegenüberliegenden Straßenseite stehen Ruinen aus einer ganz anderen Zeit: Dort stemmt sich der Westgiebel des um 1400 errichteten *Brigittenklosters (Pirita klooster)* in den Ostseewind. *Olympiazentrum Regati 1–5 P, Surfbretter bei Pro Surf, Merivälja 1a, www.paap.ee, Ruderbootverleih auf dem Fluss Pirita, Kloostri 6*

AM ABEND

Estnische Nationaloper (Rahvusooper Estonia)

Die Esten sind stolz auf ihre Nationaloper und locken auch weltbe-

kannte Stars in ihr Haus. Oper, Ballett und Performances. *Estonia 4, Tel. 0/683 12 60, www.opera.ee*

Karja Kelder

Gemütliche Kellerkneipe mit etwas älterem und reiferem Publikum. *Väike-Karja 1, www.karjakelder.ee*

Moskva

🏃 Das Café Moskau ist zum beliebten Szenetreff am frühen Abend aufgestiegen. Schauen Sie unbedingt ins Obergeschoss. *Vabuse väljak 10, www.moskva.ee*

Mumia

Auf ägyptisch getrimmte Bar. Beliebter Treff der russischsprachigen Gemeinde Tallinns – an Wochenenden bis frühmorgens gut besucht. Rund um die Uhr geöffnet. *Pikk 3*

Stadttheater (Linnateater)

In einem schönen Kaufmannshaus aus dem 15. Jh. untergebracht. Die Esten lieben Theater, und auch Besuchern ohne estnische Sprachkenntnisse werden ihre wirbelnden und munteren Inszenierungen Spaß machen. *Lai 23, Tel. 0/665 08 50, www.linnateater.ee*

Scotland Yard
Insider Tipp

🏃 Zunehmend verlagert sich das Nachtleben von der Altstadt an ihren Rand. Die riesige rustikale Kneipe ist mit mehreren Bars zum Dreh- und Angelpunkt geworden. Probieren Sie als Biersnacks Käsebälle mit Soße *(juustupallid)*. *An Wochenenden bis 3, sonst bis 24 Uhr, Mere 6, www.scotlandyard.ee*

Veinipööning

Gemütlicher Ort für ein Gläschen Wein am Abend. *Viru 18*

AUSKUNFT

Niguliste 2, Tel. 0/645 77 77, Fax 645 77 78, www.tourism.tallinn.ee

ZIELE IN DER UMGEBUNG

Helsinki [0]

Die finnische Hauptstadt ist nur 80 km entfernt. Fähren können bei schlechtem Wetter ausfallen, besonders im Winter ist Vorsicht angebracht. Der schnellste Weg ist die rasante Reise mit dem Hubschrauber, der nur 20 Minuten braucht, aber teurer ist als ein Linienflug. *Tickets in jedem Reisebüro, in der Altstadt z. B. Reisebüro Neiris, Vana-Posti 2, Schiffsfahrten hin und zurück ab 25 Euro, Hubschrauber vom Dach der Stadthalle (Linnahall), Mere 20, www.copterline.ee, einfacher Flug 160 Euro*

Lahemaa [120 B–C1]

⭐ Der Nationalpark, ca. 70 km östlich von Tallinn, umfasst die Küste rund um das Örtchen Loksa, die sich fingerartig in das Meer schiebt, und das Hinterland bis zur Fernstraße 1 Tallinn–Tartu. Die Schönheit der Landschaft Lahemaas (dt. Buchtenlandschaft) sollten Sie zu Fuß entdecken. Befestigte und ausgeschilderte Wege führen hindurch. In diesem Gebiet sind auch einige schön erhaltene deutschbaltische Gutshäuser zu sehen, etwa das barocke Adelshaus in *Palmse* aus dem 18. Jh. Bademöglichkeiten und eine Diskothek gibt es in *Võsu* am Ostrand des Parks. Tipp: In *Viitna* steht an der Fernstraße in Fahrtrichtung Tallinn das bei den Einheimischen sehr beliebte preiswerte estnische Restaurant *Viitna Kõrts*. *Insider Tipp* Es ist in einem aus grob behauenen

In Lahemaa blieben typische estnische Bauernhäuser erhalten

Baumstämmen gebauten Haus von 1800 untergebracht, einem typischen Beispiel estnischer Volksbaukunst *(Viitna Kõrts, Tel. 032/ 325 86 81, tolle Webseite: www. restoran.ee/viitna, €– €€).* Besucherzentrum in Palmse (Külastuskeskus): *neben dem Adelshaus, Tel. 032/955 55, Fax 955 56, info@ lahemaa.ee;* Übernachten in Palmse: *Park-Hotel, 22 Zi., Tel. 032/ 236 26, Fax 341 67, www.phpalmse.ee, €– €€;* Übernachten in Võsu: *Hostel Sinikorall, 8 Zi., Metsa 3, Tel. 032/384 55, Fax 056/ 35 95 51, www.sinikorall.ee, €;* Reiterfarm in Loobu *(eine Stunde 12 Euro): Tel./Fax 032/529 42, www. kuusekannu.maaturism.ee*

Paldiski [119 D1]

Halbinsel rund 40 km westlich von Tallinn. Sie war zu Sowjetzeiten militärisches Sperrgebiet. Das seinerzeit größte Ausbildungszentrum für Atom-U-Boote, genannt »Pentagon«, rostet vor sich hin. Viele Bauten stehen leer. Heute bildet die estnische Armee hier Blauhelmsolda-

ten aus. Peter der Große wollte an dieser Stelle den größten Hafen seines Reichs errichten. Da Baumaterial fehlte, konnte er den Plan nicht umsetzen. Hinter der Stadt beginnt der schönste Abschnitt der Steilküste des Landes. Die Wiese vor der Küste ist geeignet für ein Picknick, die Sonnenuntergänge sind traumhaft. *Die Stadt von Tallinn kommend durchqueren und auf holpriger Fahrbahn bis nahe an den Leuchtturm fahren. Touristeninformation: Sadama 9, Tel. 0/679 06 00, Fax 679 06 10*

Tartu (Dorpat)

[121 D5] Das gepflegte Universitätsstädtchen (95 000 Ew.) möchte gern künstlerisches und intellektuelles Gegenstück zur vielfach privilegierten Hauptstadt sein. Immerhin das estnische Bildungsministerium konnten die Stadtväter nach Tartu holen.

Anders als Tallinn hielt Tartu dem Belagerungsdruck durch die

Russen nicht lange stand, bereits 1558 wurde die Stadt erobert. Zahlreiche Bürger wurden damals nach Sibirien deportiert. Weitere Kriege und schließlich zwei Feuersbrünste ließen nicht viel übrig vom einst mittelalterlichen Stadtbild.

Das heutige Zentrum entwickelte sich im 19. Jh., der eigentlichen Blütezeit der Stadt. 1802 wurde die 1632 von Schwedenkönig Gustav Adolf gegründete Universität auf Befehl des Zaren wieder eröffnet. Die zwei- bis dreigeschossigen Wohnhäuser und die ausgedehnten Grünanlagen vermitteln ein im Vergleich zu Tallinn vornehmeres Bild.

SEHENSWERTES

Botanischer Garten (Botaanikaaed)

Der Garten, angelegt 1806, gehört zur Universität und erstreckt sich auf 3 ha. Mit Tropenhaus, Kakteensammlung und Rosengarten. *Mai bis Okt. 10–17 Uhr, Lai 38*

Domberg (Toomemägi)

Heute Grünanlage mit verschlungenen Pfaden rund um die Ruine der mittelalterlichen *Domkirche (Lossi 25)*. Eine der kleinen Erhebungen ist der »Kussberg« *(Musumägi)*. Wer sich dort küsst, ist laut Sprichwort schon ein halber Tartuer. Ein ganzer zu werden ist schwieriger: Dazu muss die Brücke hinter dem Rathausplatz überquert werden, und zwar nicht, wo alle gehen, sondern auf dem Rundbogen.

Beim Aufstieg auf den Domberg über die Lossi-Straße geht man unter der Engelsbrücke hindurch. die im frühen 19. Jh. errichtet wurde. Das Gegenstück findet sich ein Stück weiter südwestlich am Burgberg: die mehrfach umgebaute Teufelsbrücke.

Rathaus (Raekoda)

Das erste Tartuer Rathaus fiel 1775 dem großen Feuer zum Opfer. Bis 1789 dauerte es, bis der frühklassizistische Bau des neuen Hauses abgeschlossen war. *Raekoja plats*

Universität (Ülikool)

★ Das Hauptgebäude der Universität ist eines der schönsten klassizistischen Gebäude Estlands (1809). Die Zaren ließen deutsche Professoren in ihrer Heimatsprache unterrichten. Zwar waren ihnen Aufklärung und revolutionäres Gedankengut nicht geheuer – aber ganz ohne die Freiheit des Geistes kam die Modernisierung des Landes auch nicht voran. Der erste Rektor nach der Wiedereröffnung der Hochschule unter Zar Alexander I. war Georg Friedrich Parrot. Er brachte gemeinsam mit dem Bibliothekar Karl Morgenstern Kants Philosophie und den deutschen Idealismus nach Tartu. Überregional bedeutende Forscher auf den Gebieten Biologie, Medizin, Pharmazie – etwa der Biologe Karl Ernst von Baer – waren hier tätig. *Ülikooli 18, www.ut.ee*

MUSEEN

Universitäres Kunstmuseum (Ülikooli Kunstimuuseum)

Hier sind Gipsabgüsse antiker Statuen ausgestellt. Es finden wechselnde Ausstellungen von Malereien und Zeichnungen aus den Museumsarchiven statt. *Mo–Fr 11–17 Uhr, Ülikooli 18, www.ut.ee/artmuseum*

Universitätsmuseum (Ülikooli Ajaloo Muuseum)

Höhepunkt ist die Bibliothek des Chefbibliothekars Karl Morgenstern (1767–1852). Gezeigt werden die Insignien der Rektorswürde genauso wie alte Globen, Laborfläschchen und die Flagge der ersten estnischen Bruderschaft, die Pate stand für die heutige Nationalflagge. *Mi–So 11–17 Uhr, im Chor des Domes, Lossi 25, Führungen: Tel. 07/37 56 77, Fax 37 56 79*

ESSEN & TRINKEN

Atlantis

Von außen abschreckend, von drinnen schöner Blick auf die Stadt. Estnische und französische Küche. *Narva 2, Tel. 07/38 54 85, www.atlantis.ee, €€€*

Barclay

Gehobene Küche wird im teuersten Restaurant Tartus geboten. Es gehört zum Hotel »Barclay«. *Ülikooli 8, Tel. 07/44 71 03, www.barclay.ee, €€€*

Pool Kuus

Reichlich, deftig, estnisch und auf zwei Etagen. *Rüütli 1, Tel. 07/44 11 75, €*

Püssirohu kelder

Im backsteinernen Pulverkeller, den die Russen 1778 zur Verteidigung ihres neuen Besitztums anlegten. *Lossi 28, Tel. 07/30 35 55, www.pyss.ee, €€*

ÜBERNACHTEN

Draakon

Weiße Säulen verbreiten italienische Eleganz. Bierkeller und erstklassiges Restaurant. Direkt unterm Domberg. *41 Zi., Raekoja plats 2, Tel. 07/44 20 45, Fax 43 45 40, www.draakon.ee, €€€*

Salimo

Funktional, aber komplett mit Sauna und Fitnessangebot. *32 Zi., Kopli 1, Tel. 07/47 08 88, salimo@tk.tartu.ee, €*

Uppsala Maja

Süßes Altstadthäuschen. Benannt nach Tartus Schwesterstadt Uppsala. *5 Zi., Jaani 7, Tel. 07/36 15 35, Fax 36 15 36, € – €€*

FREIZEIT & SPORT

Rad fahren

Tartu ist guter Ausgangspunkt für Touren. Radeln Sie etwa am Rathausplatz über die Brücke auf die andere Seite des Flusses, und suchen Sie sich eines der ausgewiesenen Ziele aus. *Fahrradverleih Velospets, Riia 130, Tel. 07/38 04 06*

Sterngucken

Insider-Tipp

Auf dem Domberg steht ein *Observatorium (Tähetorn)* aus dem frühen 19. Jh. Aus dem können Sie in fremde Galaxien blicken. Das Observatorium ist nicht öffentlich zugänglich. Mit etwas Charme kommen Sie aber weiter beim zuständigen Astronomen der Universität: *Tel. 07/37 69 32 oder mobil 503 22 19, www.obs.ee*

AM ABEND

Konzerthaus (Kontserdimaja)

Gehört zum Vanemuise-Theater. Hier gibt es Chormusik, klassische Konzerte, aber auch Jazzabende. *Vorverkauf Mo–Sa 10–17 Uhr, So*

10–15 Uhr, Vanemuise 6, Tel. 07/37 75 30, www.vkm.ee

Krooks

🏃 Eine der beliebtesten Studentenkneipen mit einem sammelwütigen Besitzer. Am liebsten sammelt er Schallplaten. *Jakobi 34*

Vanemuine Theater

Das erste estnische Theater. Es wurde 1870 gegründet. Heute sind Ballett, Oper und Schauspiel unter einem Dach untergebracht. *Vanemuise 6, Tel. 07/44 01 67, www.vanemuine.ee*

Wilde

🏃 Davor sitzen zwei Bronzestatuen: Oscar und Eduard Wilde – Letzterer ist ein estnischer Kollege des britischen Schriftstellers. Drinnen sind Café, Restaurant, Bar und Buchladen untergebracht. *So–Di 12–24, Mi/Do 12–1, Fr/Sa 12–3 Uhr, Vallikravi 4, www.wilde.ee*

AUSKUNFT

Raekoja plats 14, Tel. 07/44 21 11

ZIEL IN DER UMGEBUNG

Peipsi järv (Peipus-See) **[121 D–F 3–6]**

Der See markiert über weite Strecken die Grenze zu Russland. Er ist nicht überall zugänglich, aber am Ufer verstecken sich menschenleere Sandstrände und Dünenparadiese. Unentdeckte Einsamkeit erwartet Besucher z. B. in der Nähe des Städtchens *Kauksi* im Norden. Kauksi ist gut geeignet als Ziel für einen Kurztrip von Narva oder von Tartu aus. Der Ökotourismusverband, der auch Zimmer vermittelt, befindet sich in *Mustvee, Tartu 26, Tel./Fax 077/267 40*. Weitere Touristeninformation in *Palamuse, Tel. 077/685 20, Fax 685 21*. Bootsverleih: *in Kodavere (Bezirk Pala): Tel. mob. 514 88 58, pootsman@pootsman.ee*

Arbeiten in schöner Umgebung: die alte Universitätsbibliothek in Tartu

Eine Metropole und ländliche Provinz

Das Land in der Mitte des Baltikums ist noch auf der Suche nach der eigenen Identität – nach innen wie außen

Lettland ist unter den baltischen Staaten das widersprüchlichste, fragilste Gebilde. Auf der einen Seite verfügt es mit Rīga über die einzig echte Metropole des Baltikums, in der die Häuser höher und die Zufahrtsstraßen ausladender sind als in den anderen beiden Hauptstädten. Auf der anderen Seite mag die Großstadt an der Daugava (Düna) nicht recht in das kleine, ländlich geprägte, in weiten Teilen der Provinz kaum entwickelte Land passen. In der Mitte des Baltikums gelegen, fehlt den 2,4 Mio. Letten ein Partner, wie ihn die Esten mit Finnland und die Litauer mit Polen gefunden haben. Lettland, (lett.: Latvija) befindet sich auf der Suche nach dem eigenen Weg.

Jahrhundertelang war Rīga administratives und geistiges Zentrum des Baltikums. Vor 800 Jahren war die Stadt Ausgangspunkt der deutschen Kolonisation: Damals wurde sie von dem Bremer Bischof Albert gegründet, der wenig später den Schwertbrüderorden stiftete, der wiederum der militärische Garant für die jahrhundertelange deutsche Vorherrschaft im heutigen Lettland und Estland wurde.

Später war das russische Zarenreich genau an diesem Vorposten zur westlichen Welt interessiert. Während der 50 Jahre währenden Zeit des Kommunismus wurde die Sowjetrepublik Lettland von Moskau eigens für den Umschlag des russischen Erdöls nach Europa und in die USA aufgerüstet. Eine Logistik, von der Lettland auch heute noch profitiert. Die Menschen wollen heute von der Zeit der sowjetischen Besatzung nichts mehr wissen.

Über Jahrhunderte zerrieben zwischen den Großmächten im Osten und im Westen, ist es jetzt die deutsche Vergangenheit, die man in der jungen Republik neu entdeckt. Mit Stolz werden Einheimische und Touristen überall im Land daran erinnert. So sind es gerade Relikte wie deutsche Kaufmannshäuser, etwa das Schwarzhäupterhaus in Rīga, deutsche Denkmäler, Gutshäuser oder Schlösser wie Schloss Rūndale bei Bauska, die sich frisch restauriert präsentieren. Auf dem Weg in die Europäische Union sieht der Staat diese mehr als 700-jährige deutsche Herrschaft als Beweis für

Gehöft im Gauja-Nationalpark, dem größten Nationalpark des Baltikums

Stark beschädigt, aber auch als Ruine noch eindrucksvoll: die Burg Cēsis

die Zugehörigkeit des lettischen Volkes zur europäischen Familie. Deutschland ist mittlerweile Lettlands wichtigster Handelspartner und wird besonders von der jungen Generation als Garant für Fortschritt und Wohlstand gesehen.

CĒSIS (WENDEN)

[124 B3] ★ Cēsis ist verglichen mit der Hauptstadt Rīga ein winziges Dorf (20 000 Ew.), und doch gibt es etwas, was beide eint: Sie waren Mitglieder im Hansebund und die einzigen Gemeinden Lettlands, die Ende des 15. Jhs. eigene Münzen prägen durften. Seit der Unabhängigkeit hat es Cēsis zu einigem Erfolg gebracht.

Vorteilhaft für die Stadt ist ihre geografische Lage: Cēsis liegt mitten im *Gauja-Nationalpark (Gaujas nacionālais parks)* und profitiert zum einen vom Geschäft mit dem Holz, Lettlands wichtigstem Wirtschaftszweig. Zum anderen locken die Hügellandschaft, die dichten Wälder und das Tal des Gauja-Flusses scharenweise Touristen nach Cēsis. Denn von hier aus kann man zu Fuß, per Rad oder mit einem Kanu tagelang auf Expedition in den Nationalpark gehen.

Das Mittelalter prägt das Aussehen der Stadt mit den Resten einer mächtigen Burg, den schmalen Gassen und den teilweise unter Denkmalschutz stehenden Holzhäusern.

SEHENSWERTES

Nussberg (Riekstu kalns)

❀ Im Park des *Neuen Schlosses* erhebt sich ein kleiner Hügel, von dem man eine schöne Aussicht auf die Ordensburg hat. Hier wurden Spuren der Lettgallen und der Liven entdeckt. Das waren heidnische Stämme, deren Lebensmittel-

punkt im 9. Jh. in Cēsis war. Während die Liven mittlerweile bis auf wenige Hundert ausgestorben sind, sind die Lettgallen jener baltische Stamm, aus dem sich das lettische Volk entwickelte.

Ordensburg (Mūra pils)

Mächtig erheben sich mitten in der Stadt die Ruinen der ehemaligen Burg des deutschen Ritterordens aus dem 13. Jh. Große Teile wurden 1577 zerstört, als die Truppen Iwans des Schrecklichen die Ordensritter besiegten. Dennoch ist sie die am besten erhaltene Ordensburg im Baltikum. Der Legende nach wählten damals alle Bewohner den Freitod, weil sie nicht Gefangene der russischen Armee werden wollten.

St.-Johannes-Kirche (Sv. Jāņa baznīca)

Älteste Basilika Lettlands außerhalb Rīgas aus dem 13. Jh. Obwohl sie oft zerstört wurde, sind ihre Krypten aus dem 15. und 16. Jh. gut erhalten. *Mitte Mai–Okt. tgl. 11–17 Uhr; Skolas 8, Führung auf Englisch, Tel. 412 15 49*

MUSEUM

Neues Schloss (Jaunā pils)

Direkt neben der Burgruine wurde 1778 ein neues Schloss gebaut. Heute ist hier das Stadtmuseum untergebracht. Vom Bronzezeitalter bis in die 1930er-Jahre wird die Geschichte des Provinzstädtchens dokumentiert. Lohnend ist der Aufstieg auf den ✹ Schlossturm. *Di–So 10–17 Uhr; Pils 9*

ESSEN & TRINKEN

Café popular

In dem Kellergewölbe unterhalb des *Hotels Cēsis* ist immer jede Menge los. Die Küche bietet eine große Auswahl preiswerter lettischer Speisen wie Schweineschnitzel mit Pilzen. *Vienības laukums 1, Tel. 41/101 22, €*

Marco Polo Highlights »Lettland«

★ **Sigulda**
Die Kleinstadt zieht Natur- und Kulturliebhaber an (Seite 53)

★ **Jurmala**
Beliebter Kurort mit feinsandigem Strand (Seite 63)

★ **Dom St. Marien**
Frühestes Zeugnis der deutschen Kolonialisten in Rīga (Seite 56)

★ **Jugendstilhäuser**
In Rīga, dem »Paris des Ostens«, sind unversehrte Ensembles zu sehen (Seite 57)

★ **Freiheitsdenkmal**
Dem Symbol des lettischen Freiheitswillens in Rīga (Seite 56)

★ **Cēsis**
Die wuchtige Ruinenanlage zeigt, wie der Deutsche Orden baute (Seite 50)

Pit Stop
Schnellrestaurant auf Lettisch. *Vilku 1, Tel. 410 77 14*, €

EINKAUFEN

Seno rotu kalve

Insider Tipp

Ein Werkstattbesuch beim Silberschmied Daumants Kalniņš im neuen Schlossgarten ist lehrreich und spannend. Kalniņš stellt wunderschöne Ringe, Armreifen und Broschen her. Er erklärt seine Kunst, weiß aber auch über den Schmuck der alten Liven- und Lettgallen-Stämme zu erzählen. *Di–So 10–17 Uhr, Pils 9, Tel. 915 84 36*

ÜBERNACHTEN

Cirulisi
Früheres Sowjethotel: Kleine saubere Zimmer. *160 Betten, Kovārņu 22, Tel. 412 54 76, Fax 412 54 60, www.atputa-cirulisi.lv*, € – €€

Danlat Hotel Cēsis
Die Fassade lässt es nicht erkennen, aber das Hotel ist völlig modernisiert. Viele Zimmer mit herrlichem Blick auf den Park. *23 Zi., Vienības laukums 1, Tel. 41/201 22, Fax 226 95, www.danlat-group.lv/en2/ 1_en.html*, €€

FREIZEIT & SPORT

Wald-Labyrinth
Irren Sie zielgerichtet durch den Wald. Wenn Sie herausfinden, gibt es zur Entspannung Minigolf. *Juni bis Aug. tgl. 9–17 Uhr, Dorf Ineši, Jaunspietēni, Tel. 41/632 94*

Wildwasser-Fahrten
Weiche Hügel und wilder Urwald wechseln einander im *Gauja-Natio-nalpark (Gaujas nacionālais parks)* ab. Lichtungen geben den Blick auf kleine Bauernkaten frei. Die Gauja, der längste Fluss Lettlands, schlängelt sich in Serpentinen an Sandbänken und Höhlen vorbei und wächst zu einem rasanten Strom. Touren mit Führung dauern 1–3 Tage. Boote und Zubehör können gemietet werden. Gepäck wird transportiert. Die Organisatoren in Valmiera (30 km von Cēsis) stellen Ihnen auch eine geführte Radtour zusammen. *Eži, Zentrum für Aktivtourismus: Radverleih, Routenplanung, Kajak-Touren. Valdemāra 1, Valmiera, Tel. 42/072 63, Fax 817 63, www.ezi.lv*

AUSKUNFT

Pils laukums 1, Tel./Fax 41/ 218 15, www.cesis.lv

ZIELE IN DER UMGEBUNG

Schloss Bīriņi
(Bīriņu pils)   [124 A3]
In der Nähe von Ragana, ca. 40 km von Cēsis oder Rīga entfernt, liegt das kleine Schloss Bīriņi. Das prächtige neogotische Bauwerk ist mit sechs Türmen dekoriert. Achten Sie auf die üppigen Schnitzereien an den Treppenaufgängen im Foyer! Der neben dem Schloss gelegene *See* lädt zum Baden oder Tretboot fahren ein. Zum angrenzenden Park gehört auch eine ehemalige *Wassermühle*. Ein Teil des Schlosses ist zum Hotel umgebaut. *Die P 14 von Cēsis in Richtung Valmiera. Nach ca. 13 km links auf die A 3 Richtung Ragana. In Ragana rechts auf die P 9 Richtung Valmiera, das Schloss liegt nach ca. 8 km auf der linken Seite. Besichtigungen nach*

*Absprache mit der Hotelleitung.
Hotel: 11 Zi., Tel. 40/663 16, Fax
662 32, www.birinupils.lv, €€*

Sigulda (Segewold)   [124 A4]

★ Die Kleinstadt (35 km von
Cēsis) liegt in einem Urstromtal der
Gauja mit Sandsteinhöhlen und unberührten Wäldern, durchzogen
von Wanderwegen. In der Umgebung des Städtchens liegen kultur-
historisch wichtige Stätten. In Sigulda selbst sind das Neue Schloss,
die Ordensburg sowie der zwischen
zwei Tälern liegende Schlossberg
Satezele sehenswert.

An der Straße zum Ortsteil Turaida (Treyden) liegt die 18,8 m
lange *Gutmannshöhle (Gūtmaņa
ala)*. Mit einer Höhe von 10 m ist
sie die höchste lettische Höhle. Auf
einer Bergkuppe sind die Ruinen
der *Bischofsburg von Turaida* zu besichtigen. Sehenswert ist auch der
Dainu kalns, der »Liederberg« unweit des Schlosses. Die dort aufge-
stellten 25 Skulpturen des Bildhau-
ers Indulis Ranka erinnern an das
Liedgut des Landes und dessen
Sammler Krišjānis Barons. Auskunft: *Pils 6, Tel./Fax 797 13 35,
www.rigaregion.lv;* Übernachten:
*Aparjods, 35 Zi., Ventas 1, Tel./Fax
797 22 30, €; Sigulda, 44 Zi., Pils
6, Tel. 797 22 63, Fax 797 14 43,
www.hotelsigulda.lv, €€;* Restaurants: *Juma, Raiņa 1, Tel.
797 39 47, €€; Trīs draugi, Pils 9,
Tel. 797 37 21, €;* Rasante Bob-
bahn: *Šveices 13, Tel. 797 38 13*

Vor Liepājas Markthalle

fen zu sein. Also fehlt das Geld, das
anderswo für Aufschwung sorgt.
Obwohl die Stadt einst von den
Kreuzrittern erobert, als »Libau«
Hansemitglied wurde und auch ein
Ordensschloss erhielt, ist von alle-
dem nicht mehr viel zu entdecken:
Fast die gesamte Altstadt fiel den
Luftangriffen des Zweiten Welt-
kriegs zum Opfer. Heute ist Liepāja
ein wichtiges Industrie-, Kultur-
und Bildungszentrum. Die dritt-
größte lettische Stadt gilt als Nähr-
boden für Musiker, von klassischen
Pianisten bis zu Heavy-Metal-Ro-
ckern. Touristen locken die langen
Strände in der Umgebung, wo das
Meerwasser noch sauber ist.

LIEPĀJA (LIBAU)

[122 A5] Die Hafenstadt Liepāja
(99 000 Ew.) hat das Pech, weder
Hauptstadt noch bedeutender Ölha-

SEHENSWERTES

Kriegshafen (Karaosta)

50 Jahre lang war Liepāja Sperrgebiet, denn im Hafen war eine ganze

Armada Atom-U-Boote stationiert. Der Kriegshafen, einst Stadt in der Stadt, verfällt seit dem Abzug der russischen Armee in den 1990er-Jahren. Die Betongerippe der Kasernen, Kasinos und Hauptquartiere bilden eine Kulisse, in der der Geist der einstigen Militärhochburg noch zu erahnen ist. An den Hafen schließt der Nordstrand an: Hier sehen Sie die eindrucksvollen Ruinen der Festungsmauern aus dem 19. Jh., eine Erinnerung an Zar Alexander, der den Hafen ursprünglich errichten ließ. *Über die Pulvera iela rechts zur Kanalbrücke. Sie führt in den Stadtteil Karaosta.*

MUSEEN

Kunst- und Geschichtsmuseum (Vēstures un mākslas muzejs)
Ausgezeichnete Sammlung von Schmuck und Waffen aus Vor- und Frühgeschichte sowie dem Jahrhunderten der Neuzeit. Außerdem Malerei, Fotografien und Trachten der Region. *Mi–So 11–18 Uhr, Kūrmājas prospekts 16/18*

Maritimes Museum (Zvejniecības un kugniecības muzejs)
Wie die Menschen der Region dem Meer und seinen Fischbeständen zu Leibe rückten. *Mi–So 10–18 Uhr, Ukstiņa 7/9*

ESSEN & TRINKEN

Nāves ēna
»Im Schatten des Todes«, benannt nach einer berühmten lettischen Novelle. Und an so leckerer Hausmannskost ist noch niemand gestorben. *Bāriņu 32, Tel. 34/ 802 02, €*

Vecais Kapteinis
Lassen Sie sich in gediegener Atmosphäre bei einem ausgesuchten Tropfen verwöhnen. Der Koch versteht hervorragende Fisch- und Fleischgerichte zu zaubern. Schlichte Eleganz in einem Holzhaus aus dem 16. Jh. Im Sommer ist der Biergarten geöffnet. *Dubelšteina 14, Tel. 34/255 22, €€*

ÜBERNACHTEN

Feja
Liebevoll, mit individuell eingerichteten Zimmern. *7 Zi., Kurzemes 9, Tel. 34/226 88, Fax 271 90, €€*

Liva
Zu Sowjetzeiten das erste und einzige Hotel am Platz: ein großer Betonklotz. Ein Ort für jeden, der wissen will, was unter »typischem Sowjetstil« zu verstehen ist. Alle Räume, auch die einfacheren mit Waschgelegenheiten auf dem Flur, sind ordentlich und sauber. Einige Zimmer wurden mit modernen Bädern ausgestattet. *109 Zi., Lielā 11, Tel. 34/201 02, Fax 802 59, €*

Roze
Gepflegtes Gästehaus. *8 Zi., Rožu 37, Tel. 34/211 55, Fax 212 55, www.arcus.lv/parkhotel, €€*

FREIZEIT & SPORT

Bootsfahrt
Schöner Zeitvertreib: ein Ausflug mit der Yacht »Palsa« auf der Ostsee. *Reservierung: Tel. 925 41 03, Lielā 1*

Jūrmalas Park
Ganz in der Nähe des Stadtzentrums von Liepāja laden am Ende der Pel-

du iela der *Strand* und der *Jūrmalas Park* zu Spaziergängen ein. Hier gibt es auch einige Holzvillen zu entdecken, etwa das *alte Badehaus (Peldu istade)* oder den kleinen *Pavillon.* Reitstall*: Latgales 3, tgl. 10–18 Uhr; Strandritt (2 Std.) ca. 18 Euro*

AM ABEND

Libau
Der deutsche Name für die Stadt steht für eine der beliebtesten Bierkneipen. *Tgl. 8–2 Uhr, Malkas 1*

Openairkonzerte
An den Abenden und Wochenenden finden regelmäßig Openairkonzerte statt. Abwechselnd auf der Freilichtbühne *Pūt vējiņi* im Jūrmalas Park am Meer oder im Stadion. *Infos in der Touristeninformation*

Sinfonieorchester (Simfoniskais orķestris)
Viele international bekannte Musiker und Komponisten hat das Sinfonieorchester von Liepāja hervorgebracht: Zigmars Liepiņš und Janis Lusens gehören dazu. Das Orchester tritt drei bis vier Mal im Monat auf, jedes Jahr im März pilgern die Klassikfans aus ganz Lettland zum Festival »Piano Stars« nach Liepāja. *Sommerpause im Juni und Juli, Graudu 50, Tel. 34/255 38*

AUSKUNFT

Lielā 11, Tel./Fax 34/808 08

ZIELE IN DER UMGEBUNG

Pāvilosta [122 A4]
Das kleine Fischerdorf (40 km entfernt) lohnt für Leute, die gerne Meeresbewohner essen. Der Geruch von Geräuchertem liegt über dem Ort. Probieren Sie z. B. im Restaurant *Āķagals (Tel. 916 15 33, €)* oder in der *Räucherei.*

Strand von Bernāti [122 A5]
Wasserratten sollten den Weg nicht scheuen und rund 15 km südlich von Liepāja am Strand von Bernāti in die Ostseefluten springen. Herrliches Wasser und schattige Pinienwälder. *Von Liepāja die A 11 in Richtung Klaipėda, nach 15 km rechts abbiegen auf eine Asphaltstraße, die direkt zum Strand führt*

RĪGA

Karte in der hinteren Umschlagklappe

[123 F3–4] Rīga (750 000 Ew.) kennzeichnen alle Attribute einer Großstadt: ein breiter Fluss mit gewaltigen Brücken, ausladende, mehrspurige Straßen, fünfstöckige Mietskasernen, unverschämte Preise, Demonstranten, Verkehrschaos und Anonymität. Die große Altstadt, *Vecrīga*, ist voller Menschen, die sie besichtigen und durcheilen, aber wenige wohnen hier. Das Mietniveau der Innenstadt ist extrem hoch.

Rīga ist eine Stadt mit großer Vergangenheit. Sie war einflussreiche Hansestadt und das Zentrum des Ordensstaates. Die Spuren der langen Gegenwart der Deutschen sind nicht zu übersehen. Erst mit der Industrialisierung Ende des 19. Jhs. dehnte sich die Stadt stark aus. Um den eigentlichen Kern herum entstanden, von Grünanlagen durchsetzt, weitere ausgedehnte Bauviertel. Ganze Jugendstil-Ensembles entstanden in dieser Zeit. Sowjetische Architekten, die an-

derswo gern achtspurig planten, schreckten zurück vor dem »Paris des Ostens«. So wurde die Stadt genannt, bevor sie hinter dem Eisernen Vorhang verschwand. 1997 wurde Rīgas historisches Zentrum zum Unesco-Weltkulturerbe erklärt.

SEHENSWERTES

Dom St. Marien (Doma baznīca)

★ Seit 2001 erinnert im Hof der Domkirche ein Denkmal an ihren Stifter, den Stadtgründer Bischof Albert, der 1211 mit dem Bau beginnen ließ. Als romanische Hallenkirche angelegt, wurde sie im Lauf der Zeit in den verschiedensten Baustilen erweitert oder verändert. Der Dom ist der größte Kirchenbau des Baltikums. Berühmt ist er vor allem wegen seiner prächtigen Orgel mit 6768 Pfeifen, die 1884 in Ludwigsburg gebaut wurde. Den Domplatz schmückt auch das klassizistische *Börsengebäude (Doma laukums 6).*

Drei Brüder (Trīs brāļi)

So werden die drei ältesten Wohnhäuser aus Stein bezeichnet. Sie repräsentieren verschiedene Abschnitte in der Architektur Rīgas. Das älteste Haus ist die Nummer 17 und wurde im 15. Jh. errichtet. Die beiden anderen stammen aus dem 17. bzw. 18. Jh. In der Nr. 19 ist das Architekturmuseum untergebracht. *Maza Pils 17, 19 und 21*

Freiheitsdenkmal (Brīvības piemineklis)

★ Die 42 m hohe Bronzestatue (Spitzname »Milda«) greift als personifizierte Freiheit nach drei Sternen – Sinnbilder der historischen Provinzen Lettgallen, Livland und Kurland. »Für Vaterland und Frei-

heit« lautet die Inschrift. Das Denkmal wurde 1935 während der ersten Republik nach einer Vorlage des lettischen Architekten Kārlis Zāle erbaut. 1989 war es allabendlich Schauplatz verbotener Demonstrationen für ein unabhängiges Lettland. *Tgl. 9–18 Uhr stündl. Wachwechsel, Brīvības*

Grebenschtschikow-Kirche (Grebenščikova baznīca)

Insid Tipp

Stadtauswärts gelegenes Zentrum der größten Altgläubigen-Gemeinde des Baltikums. Viele flohen aus Russland in die Ostsee-Provinzen, hier herrschte mehr Toleranz in religiösen Fragen. Gottesdienste hinterlassen einen unvergesslichen Eindruck eines Stücks Russland in Lettland. Frauen müssen Rock und Kopftuch tragen. *Gottesdienste tgl. 8 und 17 Uhr, Krasta 73, Tel. 711 30 83*

Große und Kleine Gilde (Lielā un Mazā ģilde)

Hierher wurde zu den Verbandstreffs der Kaufmannsvereinigungen geladen. Wohlhabende Händler, Goldschmiede, Pfarrer und hohe Beamte gehörten zur Großen, einfachere Krämer zur Kleinen Gilde. Alle Mitglieder hatten deutsche Vorfahren. Letten waren in keiner Gilde vertreten. Im Innern üppige Holzschnitzereien, Wappen und Glasmalereien. *Amatu 5 und 6*

Herder-Denkmal (Herdera piemineklis)

Der junge Johann Gottfried Herder lebte fünf Jahre in Rīga – und begeisterte sich für das lettische Liedgut. Seine These, wonach das lettische Brautlied ebenso große Literatur sein kann wie die Gedichte der Sappho von Lesbos, revolutionierte

Auch von innen herrlich verziert: Jugendstilhaus in Rīga

die Literaturwissenschaft. Lettlands Dank steht hier an prominenter Stelle. *Herdera laukums*

Herder selbst predigte nicht im Dom, sondern 1767–69 in der (heute hölzernen) *Jesus-Kirche* hinter dem Markt *(Jēzusbaznīcas Platz).*

Jüdische Synagoge (Sinagoga)

Der reich verzierte Altar und der mächtige Kronleuchter zeugen davon, dass das Haus vor dem Krieg zu den prächtigsten jüdischen Gotteshäusern gehörte. Leicht zu übersehen, der Eingang liegt abgewandt von der Straße. *Tgl. 9–18 Uhr; Gottesdienst 9 und 10 Uhr; Peitavas 6/8*

Jugendstilhäuser (Jūgendstila arkitektūras)

★ Nicht nur in der Altstadt, sondern auch jenseits des Freiheitsdenkmals stehen herrliche Wohnhäuser und ganze Ensembles lettischer und russischer Architekten, wie sie in dieser Anzahl kaum irgendwo sonst in Europa zu finden sind. Besonders eindrucksvolle Beispiele stehen in der Alberta iela. *Alberta 2, 2 a, 4, 6, 8, 13; weitere Ensembles: Elizabetes 10 b, Strēlnieku 4 a*

Petrikirche (Pēterbaznīca)

Rīgas höchste Kirche wurde erstmals 1209, als Holzbau, erwähnt. Der metallene ↘ Turm, 1973 fertig gestellt und 123,5 m hoch, bestimmt die Stadtansicht. Von der zweiten Galerie hat man Altstadt, Ostsee und die Daugava im Blick. *Di–So 10–17.15 Uhr; Skārņu 19*

Schloss (Rīgas pils)

Zur Ordensburg (erbaut um 1330) blickten die Stadtbürger voll Wut: Bis zur Auflösung des Ordensstaates 1592 stritten sie mit den Ordensmeistern um die Vorherrschaft in Rīga. Die Burg wurde mehrmals zerstört und wieder aufgebaut, zuletzt als Schloss 1515. Der *Heiliggeistturm* und die nördliche

Blick über die lettische Hauptstadt

Schlossmauer sind die ältesten erhaltenen Teile. Im 18. und 19. Jh. wurde es in größerem Stil umgebaut. Heute residiert die lettische Präsidentin darin. *Pils laukums 3*

Schwarzhäupterhaus (Melngalvju nams)

Im Zweiten Weltkrieg abgebrannt, wurde es in den späten 1990er-Jahren mit Millionenaufwand wieder aufgebaut. Neben dem gotischen Prachtbau der mittelalterlichen Junggesellenbruderschaft stehen *Roland* und *Rathaus* – auch diese Bauten sind Relikte der deutschen Herrschaft. Regelmäßige Konzerte, Sept.–Mai monatliche Ballabende. *Di–So 10–17 Uhr, Ratslaukums 7*

Schwedentor (Zviedru vārti)

Einzig erhaltenes Stadttor, das 1698 während einer schwedisch regierten Zwischenzeit durch das Wohnhaus *Torņa 11* gebrochen wurde. Insgesamt gab es acht Tore, die nach Sonnenuntergang verschlos-

sen wurden. Die Schlüssel bewahrte man im Rathaus auf. *Torņa iela*

Zentralmarkt (Centrāltirgus)

Halbe Schweine, frische Butter oder die Fischspezialität Neunauge? In den gewaltigen Hallen kann man sich kaum satt sehen. Zur Wende vom 19. zum 20. Jh. eigentlich für die Zeppelinreparatur entworfen, wurden sie für den damals größten Markt Europas genutzt. *Mo–Sa 8–18, So 8–17 Uhr, Prāgas 1*

MUSEEN

Ethnografisches Freilichtmuseum (Etnogrāfiskais brīvdabas muzejs)

Bauernhäuser, Windmühlen und ganze Fischerdörfer wurden von überall herangeschafft, um einen Einblick in den Alltag des Bauernvolkes zu geben. Im Sommer demonstrieren Schmiede und Tischler ihr Handwerk auf dem 100 ha großen Gelände. Das herrliche Waldgebiet liegt am *Jägelsee (Juglas*

ezers), rund 10 km vom Stadtzentrum entfernt. *Tgl. 10–17 Uhr; Brīvības 440, Bus Nr. 1 von der Ecke Merķeļa/Tērbatas*

Galerien

Rīga hat viele Galerien – teilweise mit Kunstwerken, die sich sehen lassen können. Auswahl: *Ars Longa, Di–Sa 11–18 Uhr, Gleznotāju 5; Kolonna, Di–Fr 12–18, Sa 10–17 Uhr, Sķūņu 16; Lita, tgl. 12–19 Uhr, Laipu 5; Noktirne, Mo–Sa 11–19 Uhr, Amatu 6; Rīgas Galerija, Mo–Sa 12–19 Uhr, Aspazijas 20; Sussi, Mo–Sa 10.30–18.30 Uhr, Valdemāra 61, Vecrīga, Mo–Sa 10–18, So 10–16 Uhr, Pils 18*

Jüdisches Museum (Muzejs Ebreji Latviā)

Vor dem Zweiten Weltkrieg war die jüdische Gemeinde (5%) nach der russischen (10%) die zweitgrößte Minderheit in Lettland: Von den 44 000 jüdischen Bürgern überlebten nur 175 den Holocaust. Der Historiker Margers Westermanis, selbst Überlebender, hat eindrucksvoll das Leben der Juden in Lettland dokumentiert. *So–Do 12–17 Uhr; Skolas 6*

Kriegsmuseum (Kara muzejs)

Es gibt kaum einen Landstrich, über den so viele fremde Armeen zogen, Ausstellungsstücke für das Museum im *Pulverturm (Pulvertornis)* fand man in Hülle und Fülle. Der 26 m hohe Turm ist Teil der Stadtmauer. *Mi–So 10–17 Uhr; Smilšu 20*

Krišjānis-Barons-Museum (Krišjānis Barons muzejs)

Krišjānis Barons zog von Dorf zu Dorf und sammelte die Dainas, die bis dato nur mündlich überlieferten lettischen Volkslieder. Mehr als anderthalb Millionen kamen zusammen. Hier wohnte er zuletzt. *Mi bis So 11–18 Uhr; Barona 3*

Mentzendorff-Haus (Mencendorfa nams)

Wie die Familie Mentzendorff lebten wohlhabende deutsche Kaufleute im 18. Jh. in Rīga. Herrliche Wand- und Deckengemälde *Mi–So 10–17 Uhr; Grēcinieku 18*

Museum für Stadtgeschichte und Navigation (Rīgas vēstures un kuģniecības muzejs)

Hinter dem umständlichen Namen verbirgt sich eines der ältesten Museen Europas, und zugleich das größte in Lettland. Das Museum ist bereits 230 Jahre alt und umfasst eine reichhaltige Sammlung zu Stadtgeschichte und Kunst. Ein Teil des Gebäudes war früher die Domschule, an der Johann Gottfried Herder lehrte. *Mi–So 10–17 Uhr; Palasta 4*

Okkupationsmuseum (Okupācijas muzejs)

Das Museum zeigt die Geschichte des lettischen Volkes während der Sowjetzeit. »Schwarzer Kasten« wird der hässliche Bau von den Rīgaern genannt. *Di–So 11–17 Uhr; Strēlnieku laukums 1*

ESSEN & TRINKEN

Alus sēta

Insider Tipp

🏃 Preiswerte lettische Speisen vom Grill und viele Sorten frisch gezapftes Bier in lockerer Umgebung. Besonders köstlich sind die Rippchen (Ribes), die grauen Erbsen und das Tervetes Bier. Selbstbedienung. *Tirgoņu 6, Tel. 722 24 31, €–€€*

Einkaufen in Rīga,
der teuersten Stadt im Baltikum

Apsara-Teehaus

🏃 Neuer Trend sind Teehäuser. Spezialisten wählen aus ca. 70 Sorten und genießen bei gepflegter Unterhaltung in ruhiger Atmosphäre. *Ab 9 Uhr, Elizabetes (gegenüber Haus 75); weitere Filiale Skārņu 22, ab 11 Uhr*

Charlestons

Hervorragende Salate und Pastagerichte. Probieren Sie die Lachssauce! Feines Restaurant und Cappuccinobar mit Atmosphäre. *Blaumaņa 38/40, Tel. 777 05 73, €€*

Lido

Größtes Selbstbedienungslokal am Ufer der Daugava. Lettisches Essen zu moderaten Preisen: Da reisen selbst Familien aus der Provinz an. *Krasta 76, Tel. 750 44 20, € – €€*

Osiris

Beliebtes Café fürs Frühstück, für Mittag- und Abendessen – oder nur für einen Drink. Sehr gemütliche Atmosphäre mit klassischer Musik. Beliebter Künstlertreff. *Barona 31, Tel. 724 30 02, €€ – €€€*

Otto Schwarz

Elegantes Restaurant unter dem Dach des Hotel de Rome. Kosten Sie die Austern mit einem Glas Chateaubriand, oder probieren Sie ein vegetarisches Gericht! *Kaļķu 28, Tel. 708 76 23, €€€*

Traktieris

So sehr wie die Russen die lettische Küche in den Restaurants Lido und Alus sēta lieben, so sehr lieben die Letten die russische Küche im Traktieris. Und den Wodka natürlich! *Antonijas 8, Tel. 733 24 55, € – €€*

EINKAUFEN

Antiqua

Antiquariat. Hier gibt es feines Porzellan, Gemälde und Ikonen zu kaufen. *So geschl., Valdemāra 20*

Laima

Lettlands größter Süßigkeitenhersteller produziert das perfekte Souvenir. *Smilšu 16*

Salons A

Hochwertige Damenmode und Abendkleider nach Entwürfen des Hauses. Besonders schön sind die handbemalten Seidenschals und Beispiele lettischer Keramikkunst. *Kaļķu 24*

Upe

Einziges und hervorragendes Geschäft für lettische Folkmusik. Außerdem werden Instrumente und ausgesuchte Handarbeiten angeboten. *Vāgnera 5*

ÜBERNACHTEN

Hotel de Rome

Hotelhochhaus im Herzen der Stadt. Das deutsch-lettische Unternehmen war nach der Wende das erste Haus mit Weststandard. *88 Zi., Kaļķu 28, Tel. 708 76 00, Fax 708 76 06, www.derome.lv, €€€*

Konventa Sēta

Hell und freundlich in den Gemäuern eines ehemaligen Witwenkonvents. *140 Zi., Kalēju 9/11, Tel. 708 75 01, Fax 708 75 15, www.konventa.lv, €€€*

Laine

Einfache Ausstattung, freundlicher Service. Das Hotel liegt um einen ruhigen Hinterhof im dritten Stock. 10 Gehminuten von der Altstadt entfernt. *30 Zi., Skolas 1, Tel. 728 88 16, Fax 728 76 58, www. laine.lv, €€*

Radi un draugi

Eines der populärsten Hotels mitten in der Altstadt. Für Rīgaer Verhältnisse moderate Preise. *76 Zi., Mārstalu 1–5, Tel. 782 02 00, Fax 782 02 02, www.draugi.lv, €€*

Studentu Kopmītne

🏃 Die »studentischen Schlafräume« sind ein richtiges kleines Hotel. Einfach, schlicht und konkurrenzlos günstig. *33 Zi., Basteja bulvāris 10, Tel. 721 62 21, €*

Valnis

Zu Sowjetzeiten das Gästehaus des Bildungsministeriums. Heute dürfen auch Ausländer hinein, und bekommen schlichte aber große Zimmer am Altstadtrand. *4 Zi., Vaļņu 2, Tel. 721 37 85, kein Fax, €*

Wohin am Abend? In der lettischen Hauptstadt gibt es viele gute Adressen

AM ABEND

Dizzi Music Club
Livejazz jeden Mittwoch und Donnerstag, unregelmäßig auch an den anderen Tagen. *Mi/Do ab 20.30, Fr, Sa ab 21.30 Uhr, Mārstaļu 10 (Eingang von der Alksnāja)*

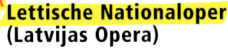
Lettische Nationaloper (Latvijas Opera)
Lettland, notorisch knapp bei Kasse, setzte bei der Kulturförderung ganz auf die Oper, um wenigstens ein echtes Schmuckstück zu haben. Das Ergebnis hält dem internationalen Vergleich stand. *Aspazijas 3, Tel. 722 58 03, www.opera.lv*

Orange
Eigentlich ein Ort für politisches Kabarett, doch So und Mo spielt eine der besten lettischen Jazzkapellen Boogie. Mitten in der Stadt und doch abseits der Touristenströme. *So–Do 11–1, Fr/Sa 11–5 Uhr, Jāņa Sēta 5*

Public
Cocktailbar für Szenegänger, die unbedingt dazugehören wollen. *Mo–So 8–1, Fr/Sa bis 4 Uhr, Valdemāra 57/59*

Pulkvedim neviens neraksta
🏃 Rohes Eisen, harte Musik und kühles Bier sorgen im »Niemand schreibt dem Oberst« für coole Atmosphäre. An der offenen runden Bar ist auch unter der Woche etwas los. *So–Do 12–2 Uhr, Fr/Sa 12–5 Uhr, Peldu 26/28*

Rīgas Balzams
Wer Rīga besucht, ohne Rīgas Balzams, den lettischen Kräuterbitter, zu probieren, der ist nicht wirklich da gewesen. In der gemütlichen Kellerkneipe kann man hervorragende Spinatsuppe probieren. *Tgl. 12–24 Uhr, Torņa 4*

La Rocca
🏃 Große Diskofabrik mit allem Drum und Dran. *Do–So ab 22 Uhr, Brīvības 96*

Wagnersaal (Vāgnera zāle)
Richard Wagner dirigierte im früheren Deutschen Theater von 1837 bis 39. Noch heute finden im Wagnersaal außergewöhnliche Konzerte statt. Vor allem Liebhaber moderner Klassik kommen auf ihre Kosten bei Interpretationen von Bartók, Vasks oder Pärt. *Vāgnera 4, Tel. 721 08 17*

AUSKUNFT

Rātslaukums 6, Tel. 704 43 77, Fax 704 43 78, www.rigatourism.com

ZIELE IN DER UMGEBUNG

Jelgava (Mitau) [123 E4–5]
Über mehrere Jahrhunderte hinweg war die Kleinstadt Jelgava (44 km von Rīga, 100 000 Ew.) die zweitwichtigste Stadt Lettlands. Nach dem Verfall des mittelalterlichen Ordensreiches stieg der Ort zur Hauptstadt des Herzogtums Kurland auf. Damals nahm der letzte Ordensmeister Gotthard Kettler die Provinz zu Lehen und war fortan Herzog von Kurland und Semgallen. Die Provinz ging für zwei Jahrhunderte einen eigenen Weg. Herzog Jakob gründete im 17. Jh. die ersten und einzigen lettischen Kolonien (Gambia und Tobago). Heute zeugt nur noch das *Barockschloss* auf der *Schlossinsel (Pilssala)* von

diesen Launen der Geschichte. Sehenswert sind die Totenschreine des Herzogs von Kurland und der Kettlerdynastie in einem Seitenflügel des Gebäudes. *Gruft: Mo–Sa 10–16 Uhr. Anmeldung: Tel. 300 56 17. Touristeninformation: Pasta 37, Tel. 302 27 51; Busse fahren täglich von Rīgas zentralem Busbahnhof*

Jūrmala [123 E4]

★ 20 km vor den Toren Rīgas liegt die Ostsee – und der Badeort Jūrmala (60 000 Ew.). Ein kleines Städtchen, das bereits zur Zeit der Wende vom 19. zum 20. Jh. von den Rīgaern als eleganter Kur- und Badeort entdeckt wurde. Die verspielten Holzhäuser in den Stadtteilen Dzintari, Dubulti und Majori sind noch ein Relikt aus jener Zeit und werden heute zu Höchstpreisen gehandelt. Die Leute locken der feinsandige weiße Strand, der sich über mehr als 30 km entlang der Küste erstreckt, das flache Wasser und die lange Flaniermeile. Anreise mit dem Auto oder kleinem Mikrobus oder Zug vom Rīgaer Hauptbahnhof. *Auskunft: Jomas 42 (Majori), Tel. 776 42 76, Fax 776 46 72, jurmalainfo@mail.bkc.lv; Übernachten: Familienhotel Elīna, 25 Zi., Lienes 43 (Majori), Tel./Fax 776 16 65, €; Restaurant: De La Presse, draußen und mit Grill, Jomas 57 (Majori), Tel. 776 24 01, €€*

Vecāķi [123 F3]

Nicht ganz so mondän wie Jūrmala ist der Küstenabschnitt von Vecāķi, 15 km nordöstlich von Rīga. Hierher zieht es Strandläufer, die die Einsamkeit lieben. An den kilometerlangen Stränden findet man viele Dünen, die zum Sonnenbaden einladen. Wer ein besonderes Ambiente spüren möchte, der sollte dem *Bahnhof* von Vecāķi einen kurzen Besuch abstatten. Inmitten der Dünenlandschaft wirkt er mit seinen beiden Gleisen, der Wartehalle aus der Zeit der vorletzten Jahrhundertwende und der großen Uhr wie eine Filmkulisse. In der Wartehalle gibt es sogar einen passablen Kaffee

Der schöne Sandstrand Jūrmalas zieht zahlreiche Feriengäste an

und eine ganz hervorragende Hühnersuppe mit *pelmeņi*.

Veczemju klintis [123 F1]

Die rötlich gefärbten Klippen (70 km von Rīga) und Höhlen zählen zu den schönsten Naturdenkmälern des Landes, sind aber schwer zu finden. Anreise per Auto über die A1 von Rīga nach Tallinn. Die Klippen liegen zwischen Ķurmragciems und Dzeņi. Nach Ķurmragciems kommt auf der linken Seite eine Bushaltestelle Oltuži. Dort biegt man links ab in Richtung See und erreicht nach ca. 5 km den Parkplatz Matiņas. Von dort aus sind es noch knapp 2 km zu Fuß in Richtung Norden.

VENTSPILS (WINDAU)

[122 B2] Die Stadt (50 000 Ew.) ist heute die wichtigste Hafenstadt Lettlands. Der Hafen von Ventspils geht auf eine Gründung des Deutschen Ordens aus dem 13. Jh. zurück. Als der Ort später zum Herzogtum Kurland gehörte, wurde er zu einer Hochburg des europäischen Schiffbaus. Der Nordische Krieg (1700–21) aber machte nicht nur der kurischen Flotte, sondern auch der Hafenstadt den Garaus.

Neben den gut restaurierten Kaianlagen lädt eine moderne Uferpromenade zum Hafenspaziergang ein. Und im Stadtzentrum locken hinter chic renovierten Fassaden gemütliche Cafés und Restaurants.

Altstadt (Vecpilsēta)

Inmitten der Lagerhallen, Öltanks und Bahngleise der Stadt gibt es eine zwar winzige, aber sehenswerte Altstadt. Vom Zentrum führt der *Lielais prospekts* dorthin, vorbei an barocken Kirchen, klassizistischen Bürgerhäusern und zwei hübschen Plätzen. Zum *alten Marktplatz* führt die Tirgus iela. Am Marktplatz stehen das älteste erhaltene Gebäude aus dem 17. Jh. *(Tirgus 1)*, das einem wohlhabenden Kaufmann gehörte, und das frühere *Rathaus* aus dem 18. Jh. Gegenüber ist die evangelische *Nikolauskirche* im klassizistischen Baustil zu sehen, benannt nach dem heiligen Nikolaus. Hinter dem Marktplatz liegt der *Kai* der *Venta*. Der Fluss gab der Stadt den Namen.

Ordensburg (Pils)

Bekannt vor allem wegen des *Leuchtturms*, der im 19. Jh. gebaut wurde und heute nur noch eine Ruine ist. Die Burg, eine Vierflügelanlage mit 2 m dicken Mauern, stammt vermutlich aus dem 13. oder 14. Jh. Sie ist vollständig renoviert. *Mai–Okt. Mi–So 9–18, Nov.–April Mi–So 10–17 Uhr, an der Ventamündung, Jāņa 17*

Fischerei-Freilichtmuseum (Piejūras brīvdabas muzejs)

Alte Fischerboote und riesige Anker, kleine Fischerkaten und der Kieferknochen eines Wals: Alles, was Sie schon immer über die lettische Fischerei wissen wollten, können Sie hier erfahren. Von Mai bis November können Eisenbahnfans an den Wochenenden mit einer Schmalspurbahn und einer Dampflok über das Gelände fahren. *Feb.–Aug. tgl. 10–18 Uhr, Sept. bis Jan. Mi–So 11–17 Uhr, Riņķu 2*

Geschichtsmuseum (Ventspils muzejs)

Im Geschichtsmuseum in der Ordensburg wird der historische Sonderweg des Herzogtums Kurland (Kurzeme) nachgezeichnet. Hervorragendes Kartenmaterial, auf einer Weltkarte sind die einstigen kurischen Kolonien eingezeichnet. *Mai–Okt. tgl. 10–18, Nov.–April Mi–So 11–17 Uhr, Jāņa 17*

ESSEN & TRINKEN

Livonija
Hier gibt es Gerichte mit Schweinefleisch, aber auch Fisch. Am Wochenende wird ab 20 Uhr getanzt. *Kuldīgas 13, Tel. 36/230 11, €€*

Upis
Bestes Essen in historischem Ambiente. Fischgerichte stehen auf der Speisekarte. *Tirgus laukums 1, Tel. 36/276 44, €€*

ÜBERNACHTEN

13 enkuri
»13 Anker«. Eigenwilliges Hotel mit echter Hafenatmosphäre und einer sehr freundlichen Wirtin. *6 Zi., Loču 12, Tel. 36/232 17, kein Fax, €*

Dzintarjura
Graue Fassade, aber das Hotel »Bernsteinsee« ist völlig renoviert. Schicke, moderne Zimmer zu Großstadtpreisen. *61 Zi., Ganību 26, Tel./Fax 36/227 19, €€*

Piejūras kempings
3 km vom Stadtzentrum und 200 m vom Badestrand entfernt liegt Ventspils' Campingplatz. Sie können auch Ferienhäuschen mieten. *114 Betten, Vasarnicu iela 56, Tel./Fax 36/279 25, www.camping.ventspils.lv, €*

FREIZEIT & SPORT

Dampfer Hercogs Jekabs
Der Dampfer nimmt Sie mit auf die Reise durch den größten Ölhafen der Ostsee. *Abfahrt Mai–Aug. alle 1–2 Std. 10–19 Uhr; Okt. 11–18 Uhr; Kreuzung Ostas und Tirgus, Kai Nr. 18, Tel. 36/225 86*

AUSKUNFT

Tirgus 7, Tel./Fax 36/222 63, www.ventspils.tourism.lv

ZIELE IN DER UMGEBUNG

Jūrkalne   [122 A3]
Die Steilküste von Jūrkalne (50 km südlich von Ventspils) lädt nicht nur zu langen Strandspaziergängen ein: Hier müssen Sie auch baden gehen. Das Meer ist einfach großartig, wild und kühl. Übernachtungsmöglichkeit: romantische Holzhäuser gleich bei den Klippen. Fahrradverleih. *Lūķi, Tel. 936 43 47*

Kuldīga (Goldingen)   [122 B3]
In Kuldīga sieht es so aus, als sei hier vor hundert Jahren die Uhr stehen geblieben. Einst war Kuldīga Sitz des Herzogs Jakob von Kurland. Die Stadt (13 000 Ew., ca. 55 km südöstlich von Ventspils) ist die einzige im Staat, in der die hölzerne Bebauung aus dem 18. und 19. Jh. erhalten ist. Auch den breitesten *Wasserfall* in Lettland lohnt es sich von der steinernen *Ventabrücke (Ventas tilts)* aus dem 19. Jh. aus anzuschauen. Auskunft: *Baznīcas 5, Tel. 33/222 59, Fax 926 25 83*

Badespaß an der Ostsee

Schon seit Jahrhunderten erholen sich Urlauber an den Stränden des größten baltischen Landes

In Litauen geben sich die Menschen lebhafter als in den nördlicher gelegenen baltischen Staaten. Die Leute mustern sich auf der Straße und sprechen einander schneller an. In Litauen wird mehr geraucht als in Lettland und Estland, mehr geflucht und mehr gebetet. Es wird gelacht, laut gesprochen, und wenn Sie auf den engen Bürgersteigen der Altstadt von Vilnius einmal etwas beiseite gerempelt werden, steckt kein böser Wille dahinter, sondern Temperament.

Anders als Letten oder Esten haben sich viele Litauer ihre Religiosität bewahrt. In der Zeit der Sowjetunion war religiöse Symbolik auch ein Zeichen gegen die Gleichschaltung des Sozialismus. Die Litauer sind katholisch, was in der barock-verspielten Hauptstadt Vilnius mit ihren fast vier Dutzend Kirchen nicht zu übersehen ist.

Im Gegensatz zu den baltischen Nachbarvölkern kann Litauen (lit.: Lietuva) zudem auf eine in weiten Teilen nicht nur passiv erlebte Geschichte zurückblicken – das spätmittelalterliche Großfürstentum

Seit 1992 ist die Kurische Nehrung mit ihren weiten Dünen Naturschutzpark

Das Thomas-Mann-Haus in Nida auf der Kurischen Nehrung

reichte bis zum Schwarzen Meer. Das Ostseevolk bot dem Deutschen Orden Paroli und blieb bis ins 14. Jh. ungetauft. Die Litauer waren zu dieser Zeit die letzten Heiden Europas.

In der Sowjetzeit führte die vergleichsweise zaghafte Industrialisierung dazu, dass sich die Einwanderung russischsprachiger Industriearbeiter in Grenzen hielt. Die russischsprachige Minderheit beträgt heute nur 10 Prozent. Die polnische Minderheit ist in etwa genauso groß. In dieser Relation scheint das Miteinander der Kulturen besser zu gelingen – russische Popsongs werden auch von Litauern gern gehört, und mit dem Gebrauch der Sprache des großen Nachbarn tun sich die Litauer leichter als Letten oder Esten. Auch auf

politischer Ebene gilt das litauisch-russische Verhältnis als vergleichsweise entspannt.

Das größte und mit rund 3,5 Mio. Menschen bevölkerungsreichste baltische Land hat eine vielseitigere Naturlandschaft als die beiden anderen Staaten zu bieten. Litauen reicht von den Sanddünen der Kurischen Nehrung, die deutschen Expressionisten als Kulisse dienten, über die sanften Hügel rund um Vilnius, die den Literaturnobelpreisträger Czesław Miłosz inspirierten, bis zu den waldreichen Gebieten an der Grenze zu Lettland, in deren Einsamkeit sich bislang kaum ein Künstler verirrte. Ausführliche Informationen auch im Marco Polo »Litauen«.

Kaunas (Kauen)

[130 C3] Kaunas ist eine der größten Städte Litauens und des Baltikums überhaupt. Zwischen den Weltkriegen, als das Gebiet Vilnius zu Polen gehörte, wurde sie provisorische Hauptstadt. Noch heute leidet Kaunas (400 000 Ew.) ein bisschen am Verlust der Hauptstadtprivilegien. Doch die Stadt holte deutlich auf. Kaunas besitzt mehrere Hochschulen und ist zum wichtigen Wirtschaftsstandort geworden. Außerdem besitzt sie, was Vilnius fehlt: eine verkehrsberuhigte Einkaufsstraße, die *Freiheitsallee (Laisvės alėja)*, mit vielfältigem Warenangebot und durchsetzt mit vielen belebten Cafés und Restaurants. In Kaunas werden zudem Waren und Dienstleistungen häufig noch zu litauischen Preisen angeboten, während die Beträge in der Hauptstadt westeuropäisches Niveau erreichen.

SEHENSWERTES

Altstadt (Senamiestis)

Die Altstadt liegt auf einer Landspitze am Zusammenfluss von Neris und Nemunas (Memel). Am Flussufer der Neris liegen die Reste der *Kaunasser Burg (Kauno pilis)*. Das ursprünglich gotische *Rathaus (lett.: Rotuše, am Rotušės-Platz)*, »weißer Schwan« genannt, vermischt barocke und klassizistische Elemente und gleicht im Aussehen einer Kirche *(Keramikmuseum im Rathaus, Di–So 11–17 Uhr)*. Auf der Ostseite des Rathausplatzes sind einige gotische *Kaufmannshäuser* erhalten *(Rotušės aikštė 1–3)*. An der Südseite steht die zweitürmige barocke *Stanislauskirche (Šv. Stanislovo bažnyčia)*. Die gewaltige Kathedrale von Kaunas, *St. Peter und Paul (Šv. Petro ir Povilo arkikatedra)*, schließt im Nordosten an den Rathausplatz an. Mit deren Bau wurde vermutlich im 15. Jh. begonnen. Sie ist das größte gotische Bauwerk in Litauen. Einer der ältesten Sakralbauten überhaupt ist die gotische *Vytautas-Kirche (Vytauto bažnyčia, Aleksoto 3)*.

Ąžuolynas Parkas

Der große, hügelige Park mit uralten Eichen liegt unweit des Busbahnhofs. Hier erholen sich die Kaunasser Bürger. *Baršausko*

Grüner Hügel (Žaliakalnis)

Vom Grünen Hügel haben Sie einen tollen Ausblick auf die ganze Altstadt von Kaunas. Sie können zu Fuß gehen oder mit der *Standseilbahn (furnieculierius)* hinauffahren. Kaufen Sie das Ticket beim Schaffner. *Abfahrtsstelle in der Marvelės-Straße*

Neuntes Fort (Devyntas fortas)

Nummer neun in einer Anzahl von Befestigungen entlang der russischen Westgrenze am Vorabend des Ersten Weltkriegs. Später wurden hier unter deutscher Regie Juden und sowjetische Kriegsgefangene zusammengepfercht und umgebracht. In den folgenden Jahren gingen Stalins Folterknechte im Fort ans Werk. Heute Museum und Gedenkstätte. *Mi–Mo 10–16 Uhr, Žemaičių 73*

Perkūnas-Haus (Perkūno namai)

Das Haus ist nach dem heidnischen Donnergott benannt. Der historische Zweck ist unbekannt. Im 16. Jh. wurde das Haus von einem Kaufmann zur Schiffsanlegestelle ausgebaut. Die Fassade ist aus 16 Ziegelsteinarten gemauert und ein besonderes Beispiel der spätgotischen Baukunst in Litauen. An Wochenenden Kunsthandwerkausstellungen. *Mo bis Fr 8–17 Uhr, Aleksoto 6*

MUSEEN

Čiurlionis-Kunstmuseum
Čiurlionis Valstybinis muziejus

Mikolajus Konstantinus Čiurlionis (1875–1911) war ein Universalgenie und der litauische Staatskünstler per se. Hier hängen heute viele seiner Gemälde und Zeichnungen. *Di–So 11–17 Uhr, Putvinskio 55, Führungen: Tel. 37/22 94 75*

Teufelsmuseum (Velnių muziejus) *Insider Tipp*

Für die letzten Heiden Europas war der Teufel lange Zeit eher ein schräger Vogel, der nur Schabernack mit den Seelen der Menschen trieb. Erst mit der Christianisierung wurde der Teufel ernsthaft böse. Das weltweit einzigartige Teufelsmuseum geht auf die Sammelleidenschaft des impressionistischen Malers Antanas Žmuidzinavičius (1879–1966) zurück. Über 2000 Teufelsfiguren aus aller Welt.

MARCO POLO Highlights
»Litauen«

★ **Kurische Nehrung**
Nur Wasser und Sand, aber beides in Hülle und Fülle (Seite 76)

★ **Berg der Kreuze**
Keiner kann zählen, wie viele Kreuze, Heiligenfiguren und Bittschriften hier eingesteckt sind (Seite 76)

★ **Trakai**
Trakai lockt nicht nur mit einer gotischen Inselburg, sondern auch mit schöner Seenlandschaft (Seite 87)

★ **Tor der Morgenröte**
Katholische Pilger aus ganz Osteuropa verehren das Bild Marias in der Vilniuser Kapelle auf dem Tor (Seite 82)

★ **Aukštaitija-Nationalpark**
Naturparadies mit vielen Seen und undurchdringlichen Wäldern (Seite 86)

★ **Gotisches Ensemble**
Zwei ungleiche gotische Kirchen in der Barockstadt Vilnius (Seite 81)

Di–So 11–18 Uhr, Sonderführungen außerhalb der Öffnungszeiten Tel. 37/20 84 72, Putvinskio 64

11

Ein Gasthaus rund um die litauische Basketballbegeisterung. »11« ist die Rückennummer des litauischen Stars Arvydas Sabonis. *Baršausko 66, Tel. 37/45 28 22, €€*

Amigos

Internationale Küche im Keller, sommers auch draußen. Billiger Mittagstisch. *Mickevičiaus 22, Tel. 37/20 63 41, €– €€*

Miesto Sodas

In diesem Lokal kann man die pragmatische Seite moderner litauischer Gastronomie kennen lernen. *Laisvés 93, Tel. 37/42 44 24, €*

Prie Svarstyklių

Deftige Speisen in großer Auswahl. Im Sommer besonders gut besucht wegen der großen Terrasse. *Masiulio 18 E, Tel. 37/45 24 33, €*

Sandija

Etwas außerhalb gelegen. Gehobene Küche bis hin zum Hummer. *Jonavos 45, Tel. 37/33 24 87, €€*

Weinlokal Senamiesčio Vyniné

Inside Tipp

Für ein »Weinentwicklungsland« bietet dieses romantische Lokal in einer kleinen Nebenstraße der Altstadt allerhand. Regelmäßig leckeres Tagessen zu Tiefstpreisen. *Daukšos 23, Tel. 37/22 76 56, €*

Žalias Ratas

Original litauische Küche. Drinnen gemütlich, aber auch schön zum Draußensitzen. *Laisvés 36 b, Tel. 37/20 00 71, €*

Einkaufsstraßen

Die schnurgerade Fußgängerzone mit zahlreichen Geschäften, die *Freiheitsallee (Laisvés aléja),* führt

Do you speak Lithenglish?

Der Sprachkommissar ermittelt

Litauen hat eine zehnköpfige Sprachinspektion, die Gesetzesbrecher mit loser Zunge verfolgt. Das Sprachengesetz nämlich sieht vor, dass das Litauische nicht nur fehlerfrei, sondern auch ohne Anglizismen und andere Fremdwörter benutzt werden muss. E-Mail etwa hat *elektroninis paštas* zu heißen. Die Inspektoren verhängen Strafen von bis zu 1500 Litas gegen Redakteure oder Moderatoren, die zu viele Fehler machen. Schließlich ist Litauisch eine alte und kleine Sprache, die besonders gehegt sein will. Nur: Im Alltag darf auch in Litauen jeder reden, wie ihm der Schnabel gewachsen ist und die Inspektoren sind machtlos gegen Anglizismen wie *biznismenis* (Geschäftsmann) oder *surprizas* (Überraschung).

*In Kaunas' Einkaufsstraßen wechseln sich
zahlreiche Geschäfte mit Cafés und Restaurants ab*

auf 1,7 km von der wuchtigen ehemaligen russischen Garnisonskirche in Richtung Altstadt. Das große Kaufhaus *Merkurijus* befindet sich in Nummer 60. Beschaulicher ist die sich anschließende *Vilniaus gatvė*, die leicht gekrümmt zum Rathausplatz führt. An der *Promenade* an der Landzunge zwischen den Flüssen Neris und Nemunas können Sie sich nach einem Einkaufsmarsch entspannen.

ÜBERNACHTEN

Kunigaikščių Menė
Schlichtes Gästehaus in der Altstadt. *8 Zi., Daukšos 28, Tel. 37/ 32 08 00, Fax 32 08 72, www. dokeda.lt/kmene, €€*

Minotel
Gästehaus im hinteren Teil der Altstadt. Geschmackvolle Zimmer. Bilder litauischer Künstler schmücken die Wände. *23 Zi., Kuzmos 8, Tel. 37/20 37 59, Fax 22 03 55, €€€*

Monela
Sehr einfache Zimmer direkt an der Einkaufsmeile. Keine Kreditkarten, aber Geldwechsel in der Lobby möglich. *23 Zi., Laisvės 35, Tel. 37/22 17 91, Fax 22 44 80, €*

Nakties Magija
Kleines Hotel in der Nähe des Ąžuolynas-Parks. *10 Zi., Skroblų 3, Tel. 37/79 79 23, Fax 79 58 32, nmagija@takas.lt, € – €€*

Perkūno Namai
Neuer, heller, moderner Komplex, von Grünanlagen umgeben. Namensgeber Perkūnas ist der alte heidnische Donnergott der Litauer, aber im Hotel geht es ruhig zu. *30 Zi., Perkžno 61, Tel. 37/32 02 30, Fax 32 36 78, www.perkuno-namai. lt, €€€*

FREIZEIT & SPORT

Basketball (Krepšinis)

Inside Tipp

Litauen ist eine Basketballnation, und der Verein Žalgiris Kaunas ge-

hört zu den Topteams der Welt. Für Heimspiele rechtzeitig Tickets sichern! *Spielplan unter www.zalgiris.lt, Sportpalast Perkūno 5, Tel. 37/20 05 14*

AM ABEND

Combo
Club mit Rock- und Jazzkonzerten. *Di–So 11–3 Uhr, Laisvės 46 a*

Medusa
Insider Tipp

Ein Club auf dem Wasser. Im Bauch des Schiffes gibt es ein kleines Restaurant, auf dem Deck eine Bar mit Tanzfläche. Shows und Konzerte, tagsüber gelegentlich Kinderprogramm. *Auf der Innenstadtseite des Flusses östlich der Aleksoto-Brücke, Karaliaus Mindaugo pr., Tel. 37/75 05 75*

Los Patrankos
Riesige Tanzfabrik auf drei Etagen, die landesweit bekannt ist. *Di–Sa bis 4 Uhr, Savanorių 124*

Philharmonie (Filharmonija)
Eines der besten Musikhäuser Litauens. *Informationen im Touristeninformationszentrum Kaunas oder auf http://sprendimai.ktc.lt/tic/de/nueiti/renginiai.htm, Sapiegos 5, Tel. 37/22 25 58*

Skliautas
Verrauchter, uriger Künstlertreff. Jazzkonzerte an Wochenenden. *Tgl. 10–24 Uhr, Rotušes 26 A*

AUSKUNFT

Mickevičiaus 36–40, Tel. 37/32 34 36, Fax 42 36 78, nur April–Sept. geöffnet, Mo–Fr 9–18, Sa 9–15 Uhr

ZIELE IN DER UMGEBUNG

Ethnografisches Freilichtmuseum Rumšiškės [131 D3]

20 km von Kaunas gelegen sind im Freilichtmuseum *(Liaudies buities muziejus)* in Rumšiškės Dörfer und Dorfleben aus den litauischen Regionen nachgestellt. Kostümierte Dorfbewohner spielen den Kampf gegen den Deutschen Orden nach. *Nach Ostern–Okt. Di–So 10–18 Uhr, von Kaunas auf der A 1 Richtung Vilnius bis Abfahrt Rumšiškės*

Kaunasser Meer und Kloster Pažaislis [130–131 C–D3]

Das »Meer« *(Kauno jūros)* ist ein Stausee, entstanden durch ein 1954 gebautes Wasserkraftwerk am Nemunas. Es liegt am südöstlichen Stadtrand und ist beliebtes Ausflugs- und Wassersportziel der Kaunasser. An seinem Ufer liegt das *Kloster Pažaislis (Pažaislio vienuolynas),* im 17. Jh. für den Orden der Kamaldulenser erbaut. Das Bauwerk mit seiner mächtigen Kuppel ist ein bedeutendes Denkmal barocker Architektur in Litauen. Seit den 1960er-Jahren wird es restauriert. *Di–So 11–17 Uhr, Kauno jūros 31, Anmeldung für Führungen: Tel. 37/75 64 85*

KLAIPĖDA (MEMEL)

[126 A3] In Klaipėda (200 000 Ew.), das 2002 sein 750-jähriges Jubiläum feierte, lebten Anfang des 20. Jhs. annähernd genauso viele Deutsche wie Litauer, viele waren Juden. Nach dem Ersten Weltkrieg wurden Stadt und Region vom Deutschen Reich abgetrennt, später kam der Landstreifen zu Litauen. Klaipėda

Simon-Dach-Brunnen auf dem Theaterplatz von Klaipėda

fiel 1939 an Deutschland zurück. Beim Angriff der Roten Armee 1945 blieben fast keine Einwohner in der Stadt. Ein Großteil der Memeldeutschen war vorher schon geflohen. Im Zuge des Zweiten Weltkriegs wurde die Bevölkerung fast vollständig ausgetauscht. Die Altstadt, stark zerstört, wurde in der Sowjetzeit teilweise restauriert. Heute erinnert noch das rechtwinklige Straßenmuster in der Altstadt an die deutsche Vergangenheit. Die wohl bekannteste Sehenswürdigkeit ist der Simon-Dach-Brunnen mit der Ännchen-von-Tharau-Figur. Das Gesicht der Stadt prägt der große Industriehafen – Litauens einziger Seehafen. Die Stadt ist Ausgangspunkt für Reisen auf die Kurische Nehrung.

SEHENSWERTES

Deportationsdenkmal
Offiziell das »Denkmal für die Opfer der stalinschen Deportationen« (Stalino trėmties aukų paminklas). Daukanto Ecke Šimkaus

Hauptpostamt (Centrinis paštas)
Schöner Bau im neugotischen Stil (1893 erbaut) mit Glockenspiel, das an Wochenenden um 12 Uhr erklingt. *Liepų 16*

Mažvydas-Denkmal (Martino Mažvydo paminklas)
Martinas Mažvydas schrieb im 16. Jh. das erste bekannte Buch in litauischer Sprache – einen evangelischen Katechismus. Damals hatte die Reformation vorübergehend Fuß gefasst. *Lietuvininkų aikštė*

Mažvydas-Skulpturenpark (Mažvydo skulptūrų parkas)
Nichts sollte nach dem Zweiten Weltkrieg mehr an die früheren deutschen Bewohner der Stadt erinnern: Sogar den alten Friedhof ließen die Sowjets planieren. Heute befindet sich hier ein großer Park

mit Werken litauischer Bildhauer. *Daukonato/Trilapio*

Theaterplatz (Teatro aikštė)

Zentraler Platz der Altstadt. Mittelpunkt ist der Simon-Dach-Brunnen mit einer Ännchen von Tharau-Figur *(Taravos Anikė),* der Darstellung jener Frauengestalt, die der memelländische Dichter Simon Dach in dem gleichnamigen bekannten Lied verliebt besungen hat.

MUSEUM

Geschichtsmuseum (Mazosios Lietuvos istorijos muziejus)

Hier wird litauische Frühgeschichte präsentiert. Ausstellungsstücke sind u. a. römische Münzen und preußische Landkarten, die von den belebten Handelswegen zeugen, die Kleinlitauen schon früh mit Europa verbanden. Die Ausstellungsstücke sind auch auf Deutsch beschriftet. *Mi–So 10–17.15 Uhr; Didžioji vandens 6*

Kleine Stärkung zwischendurch: Imbissstand in Klaipėda

Meeresmuseum (Jūrų muziejus)

In Smiltynė bei Klaipėda zeigen dressierte Seehunde, Pinguine und Delphine ihr Können. *Juni–Aug. Di–So 10.30–18.30 Uhr; Mai/Sept. Mi–So 10.30–18.30 Uhr; Okt. bis April Sa/So 10.30–17 Uhr; Delphinshow: Juni–Aug. 12, 14 und 16 Uhr; Sept.–Mai 12 und 15 Uhr; Smiltynės 3*

ESSEN & TRINKEN

Boogie Woogie

🏃 In dieser belebten Restaurantbar ist die Einrichtung so gestaltet, wie man sie sich in Amerika vorstellt. *Manto 5, Tel. 46/41 18 44, €€*

Būrų Užeiga

Preiswerte und gute litauische Küche. Im Parterre sind die Speisen teurer als im Obergeschoss. *Kepėjų 17, Tel. 46/41 13 19, € – €€*

Forena

Der Kellner ist aufmerksam, das Essen gut, die Musikanten auch. Schick, wirkt aber etwas steril. *Manto 4, Tel. 46/31 09 85, €€*

Metų Laikai

Das »Jahreszeiten« ist im Sommer besonders schön, weil man sehr nett draußen sitzen kann. Klassische europäische Küche. *Donelaičio 6 B, Tel. 46/41 03 73, €€*

EINKAUFEN

Bičių Korys

Im Bienenkorb bekommen Sie litauischen Honig. *Sukilėlių*

Dovanų Rūmai

Bernsteinschmuckgeschäft direkt am Theaterplatz. *Turgaus 2*

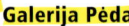

Galerija Pėda

Stilvolle Schmuckarbeiten des litauischen Künstlers Vytautas Karčiauskas, die ihren Preis haben. Am Wochenende Klaviermusik. *Tgl. 10–19 Uhr, Turgaus 10*

Gemäldegalerie (Paveikslų galerija)

Bilder, Plastiken, Teppiche und Glasarbeiten litauischer Künstler. Eine Dauerausstellung würdigt das Werk des deutsch-litauischen Expressionisten Pranas Domšaitis (Franz Domscheit). *Di–Sa 12–18, So 12–16 Uhr, Liepų 33*

Kriauklės ir Koralai

Wenn Sie an den Stränden keine schönen Muscheln oder Steine gefunden haben: Hier können Sie Prachtexemplare kaufen. *Tomo 10*

ÜBERNACHTEN

Astra

Westlich-modern, allerdings unmittelbar an einer viel befahrenen Straße zwischen Hafen und der Altstadt gelegen. *14 Zi., Pilies 2, Tel. 46/31 38 49, Fax 21 64 20, €€–€€€*

Fortūna

Einfache, etwas altmodische Zimmer in einem gemauerten Haus, das wie ein Mietshaus wirkt. *8 Zi., Poilsio 64, Tel. 46/34 80 28, Fax 36 01 74, €*

Klaipėda

Hotel mit großem Zusatzangebot: Autovermietung, Geschäfte, Friseur, Solarium, Sauna. *219 Zi., Naujoji sodo 1, Tel. 46/40 43 72, Fax 40 43 73, www.klaipedahotel.lt, €€–€€€*

Prūsija

Ein liebevoll geführter Familienbetrieb, altmodisch-postsowjetisch eingerichtet, allerdings sind die Zimmer relativ klein. Das Hotel liegt unweit der Altstadt. *8 Zi., Šimkaus 6, Tel. 46/41 20 81, €€*

FREIZEIT & SPORT

Bootsverleih/Segeln

Klaipėda Yachtclub, Smiltynė 25, Tel. 46/39 11 71

AM ABEND

Künstlerhaus (Dailininkų namai)

Konzertabende, Ausstellungseröffnungen, Lesungen. Die staatliche Einrichtung bringt junge und viel versprechende Künstler in die Öffentlichkeit. *Bažnyčių 4, Ecke Daržų 10, Tel. 46/31 03 57*

Kurpiai

🏃 Der beste Jazzclub der Stadt. Um 21 Uhr beginnen meist Konzerte. Vorher kommen, um noch einen Sitzplatz zu ergattern. *Tgl. 12 bis 3 Uhr, Kurpių 1 A, Tel. 46/41 05 55*

Musiktheater (Muzikinis teatras)

Das größte feste Profiorchester Klaipėdas bildet den musikalischen Rahmen für Opern-, Ballett- und Tanzsoli litauischer und ausländischer Künstler. *Danės 19, Informationen zum Spielplan: Tel. 46/39 74 02*

AUSKUNFT

Turgaus 5–7, Tel. 46/41 21 86, Fax 41 21 85, tic@one.lt

Der Berg der Kreuze ist vermutlich schon seit dem 14. Jh. ein Wallfahrtsort

ZIEL IN DER UMGEBUNG

Berg der Kreuze
(Kryžių kalnas)　　　　[127 E2]

★ Ein Hügel voller Kreuze mitten in unbewohnter Umgebung. Seit der Zarenzeit stecken Pilger hier Kreuze, kleine Jesusfiguren oder auch papierene Botschaften an – niemand kann zählen, wie viele christliche Symbole hier angebracht wurden. Der Spaziergang durch den Wald der Kreuze ist faszinierend und etwas unheimlich für den, dem die Urkraft der Religion fremd ist. Wenn Sie auch ein Kreuz anstecken wollen: Die alten Damen am Parkplatz verkaufen welche. *Ca. 170 km von Klaipėda. Fahren Sie auf der A 11 nach Šiauliai. Dann auf der A 12 in Richtung Rīga, dem Wegweiser Kryžių kalnas folgen.*

Kuršių Nerija (Kurische Nehrung)

[126 A3–4] ★ Der äußerst schmale, lang gezogene Landstrich der Kurischen Nehrung gehört zu den eigenwilligsten Küstenregionen der Ostsee. Nur eine schmale Landstraße führt die sandige Halbinsel entlang von ihrer Spitze im Norden bis zur russischen Grenze. Hauptort ist *Nida (Nidden)*, der mit den anderen Orten des litauischen Abschnitts zum Kurort Neringa zusammengefasst wurde. Auf der ganzen Nehrung hört man die Ostsee rauschen. Gen Osten schwappt das wenig salzige Binnenmeer, das Haff, eher schwer ans Ufer. Den sandigen, weichen Boden bewachsen Birken und eine krüppelige Kiefernart. Thomas Mann unterhielt auf der Nehrung, die als Naturschutzgebiet zum Unesco-Weltkulturerbe zählt, ein Sommerhaus. Brücke-Künstler wie Karl Schmidt-Rotluff und Ernst Ludwig Kirchner schwangen hier die Pinsel. Die Zahl der Besucher pro Tag ist begrenzt. Autofahrer zahlen für die Einfahrt in das Naturschutzgebiet ein Eintrittsgeld von 4 Euro. Dafür erhält man eine Besuchserlaubnis. Übersetzen am besten mit der Autofähre am neuen Hafen am südlichen Stadt-

rand von Klaipėda *(Nemuno 8, PKW mit zwei Insassen 7 Euro, Rückfahrt kostenlos)*. Radfahrer nehmen die Fähre am alten Hafen *(Žvejų 8)*.

SEHENSWERTES

Große Düne (Parnidžio kopa)

In dem »wirklich sehr merkwürdigen Naturphänomen« kam sich der Nidafan Thomas Mann laut eigenem Bekunden vor wie in der Sahara. Die Ausläufer der Düne sieht man bereits von Nida aus. Klettern Sie auf keinen Fall die Sandwände hinauf. Das ist aus Naturschutzgründen verboten. *Befestigte Wege ab Nida. Anfahrt PKW: Die letzte der drei Zubringerstraßen von der Nehrungs-Fernstraße nach Nida-Ort vor der russischen Grenze nehmen. Von ihr geht eine Straße zu den Dünen (kopos) hin ab.*

MUSEEN

Bernsteinmuseum und Galerie (Gintaro muziejus)

Kazimieras Mizgeris und seiner Frau fallen täglich neue Dinge ein, was man mit Bernstein alles machen kann. *Tgl. 10–19 Uhr, Pamario 20, Nida, Tel. 469/527 12*

Thomas-Mann-Haus (Toma Manno namai)

An der Küste bei Nida gönnte sich der Literaturnobelpreisträger ein Sommerhaus. Kleine Ausstellung mit einigen Fotos und Schriftstücken des Literaten, außerdem finden hier Tagungen und im Sommer das Thomas-Mann-Festival statt. *Zu Fuß über die Pamario-Straße (Wegweiser). Juni–Aug. Di–So 10–18 Uhr, Sept.–Mai Di–Sa 11–17 Uhr, Skruzdynės 17, Tel. 469/522 60*

ESSEN & TRINKEN

Kuršis

Gute litauische Gerichte zu niedrigen Preisen. *Naglių 29, Nida, Tel. 469/528 04, €*

Laumė

Fischgerichte und Haffblick. *Pamario 24–3 A, Nida, Tel. 469/523 35, €€*

Linėja

Zum Hotel gehörige gehobenere Gaststätte der Halbinsel – mit einer großen Auswahl an litauischen Speisen. *Taikos 18, Nida, Tel. 469/523 90, €€€*

Seklyčia

Bester Blick auf Wanderdüne und Haff. Karte mit großer Auswahl und normalen Preisen. *Lotmiškio 1, Nida, Tel. 469/529 45, €€*

Sena Sodyba

Insider Tipp

Tik pas Jona – »nur bei Jonas« … gibt es so herrlichen Fisch. Nur wenige Plätze im üppigen Garten. *Naglių 6, Nida, Tel. 469/527 82, €€*

ÜBERNACHTEN

Auksinės Kopos

Hotelkomplex im Grünen. Schlichte Zimmer mit klein geratenen Duschen, aber fast alle Zimmer mit Balkon. *96 Zi., Kuverto 17, Nida, Tel. 469/523 87, Fax 529 47, € – €€*

Litorina

Bietet viel Hotelluxus, der in Litauen nicht selbstverständlich ist: eigene Kochecke, beheizbare Fußböden, sogar einen Tennisplatz. *19 Zi., Kuverto 18, Nida, Tel. 469/525 28, Fax 511 02, €€*

Wie wäre es mit einer Bootstour an der Nehrung?

Nidos Pušinas I und II

Vier herrlich große , saubere Zimmer teils mit Blick auf das Haff. Leider sind sie etwas hellhörig. Die Hotelhalle ist eine Art riesiges Wohnzimmer. Es werden auch winzige Schlafkojen für Minimalisten angeboten *(5 Euro / Person). Purvynės 3, Nida, Tel. 469/592 21, Fax 527 62,* €–€€€

Rollschuhverleih, Fahrten in Pferdekutschen, Wasserski und Bootstouren werden rund um den kleinen Hafen angeboten. Boots- und Fahrradverleih etwas weiter an der Küste Richtung Düne: *Lotmiškio 2, Tel. 469/528 28;* in Preila: *Preilos 39, Tel. 469/523 28*

Litauische Touristen gehen am liebsten zu Fuß durch den bewaldeten Landstrich hinüber zur Seeseite. Der Marsch entlang eines der zahlreichen Pfade durch den Nadelwald dauert ca. eine halbe Stunde. *Sandstrand an der gesamten Westküste der Nehrung, mehrere Stichstraßen zweigen ab von der Fernstraße. Zubringerbus am Hafen Nida*

Kino

Filme in Originalsprache mit litauischen Untertiteln. *Informationen bei der Touristeninformation im selben Gebäude, Taikos 4, Nida*

Taikos 4, Nida, Tel. 469/523 45, Fax 525 38

PALANGA (POLANGEN)

[126 A2] Der litauische Kur- und Badeort (20 000 Ew.) war seinerzeit sowjetweit bekannt. Auch jetzt

reisen noch viele Russen und Letten im Sommer nach Palanga, vor allem aber Litauer – neuerdings auch immer mehr Deutsche. Im Sommer gibt es Flugverbindungen mit Berlin, Hannover und Frankfurt. In der kurzen litauischen Badesaison, im Juli und August, ist in den zahlreichen Hotels, Diskotheken und Bars sehr viel los. Palangas Lebensachse ist die *Basanavičiaus gatvė*, eine Straße, deren meerseitiges Ende zum Mittelpunkt des langen Sandstrands führt, wo ein 600 m langer Pier hinaus ins Meer ragt.

MUSEUM

Bernsteinmuseum (Gintaro muziejus)

4500 Bernsteinexponate, viele mit eingeschlossenen Insekten und Pflanzenteilen. Das Museum ist untergebracht im Anwesen des litauischen Grafen Tiškevičius, auf dessen Sammlung die Ausstellung basiert *(Di–So 11–17 Uhr, Vytauto 17)*. Im Park liegt der *Birute-Hügel*, der wahrscheinlich eine heidnische Kultstätte war. Er gilt als Geheimtipp für Liebespaare.

ESSEN & TRINKEN

Elnio Ragas

Wildgerichte. *Basanavičiaus 25, Tel. 460/535 05, €€€*

Feliksas

Herzhafte, gute Küche. Hotelrestaurant des *Tauras*. Frühstück ab 7 Uhr. *Vytauto 116, Tel. 460/484 21, €€*

Molinis Ąsotis

Deftige, litauische Speisen. *Basanavičiaus 8, Tel. 460/534 55, €*

Vila Ramybė

Zu entspannender Musik wird gutes Essen serviert. *Ramybė* heißt Ruhe, und die ist ein kostbares Gut in Palanga. *Vytauto 54, Tel. 460/541 24, €€*

ÜBERNACHTEN

Gamanta

Nicht ganz im Zentrum des Geschehens gelegen und daher ruhiger. *15 Zi., Plytų 7, Tel. 460/488 85, Fax 517 29, www.gamanta.lt, €€*

Mama Rosa Vila

Exklusive Unterkunft und doch familiär. *8 Zi., Jūratés 28 A, Tel. 460/485 81, Fax 480 80, €€€*

Pušų Paunksnėje

Gemütliche, mit Holz ausgekleidete Apartments mit Klimaanlage, Kamin und kleiner Küche. *14 Zi., Dariaus ir Girnėnio 25, Tel. 460/490 80, Fax 490 81, www.travel.lt/pusupaunksneje, €€€*

Voveraitė vardu Salvadoras

In der »Liebesstraße«. Einige Zimmer mit Meerblick. *7 Zi., Meilės 24, Tel. 460/525 32, Fax 534 22, €€*

FREIZEIT & SPORT

Fahrradverleih Baltoji Žuvėdra

In Palanga gibt es gleich drei Stationen: *Dariaus ir Girnėnio 1, Vytauto 116, Smilčių 11*

Gesundheitsfarm (Sveikatos mokykla)

Aerobic, Gymnastik, Massage. *Dariaus ir Girnėnio 37, Tel. 460/536 12, kedainius@rocketmail.com*

Jūra online
Internetcafé. *Tgl. 8–23 Uhr; Vytauto 94 A*

STRAND

Rechts und links des Piers tobt das Strandleben. Mobile Wasserski- und Wassermotorradstationen sind direkt am Strand zu finden. Sportartikel gibt es in der *Vytauto 104* zu kaufen. Auf der anderen Seite des Flüsschens Raze gibt's einen Bootsverleih *(Žvejų 2, Tel. 460/538 34)*. Vom Strand führen zahlreiche Wanderwege ins Hinterland. *Rutsche: Basanavičiaus 5 A*

Eine Windsurfingstation liegt an der Küstenstraße nordwärts etwa 6 km Richtung Šventoji direkt am Strand.

AM ABEND

Anapilis Musik Club
Bar im Wald mit lockerer Atmosphäre, manchmal mit Livemusik. *Tgl. 10–2 Uhr; Basanavičiaus 39, Tel. 460/519 51*

Casino Planet
Glücksspiel ist in Litauen erst seit kurzem erlaubt. Hier gibt es im Gegensatz zu vielen anderen »Automatenkasinos« einen echter Croupier. *Daukanto 35, Tel. 460/530 32*

Daisa
Gesellige Pizzabar mit Tanzfläche. *Tgl. 8–6 Uhr; Basanavičiaus 9 A*

Diskotheken
In Palanga gibt es viele Diskos. Sie sind täglich bis zum Morgengrauen geöffnet. *Amerika Pirtyje, Vanagupės 10; Kurhauzo, Vytauto 45; Šachmatine, Basanavičiaus 45*

AUSKUNFT

Beim Busbahnhof, Kretingos 1, Tel. 460/488 22, Fax 488 11

ZIEL IN DER UMGEBUNG

Kretinga [126 A2]
Der Ort (10 km von Palanga) ist geprägt von grauen Plattenbauten,

Langer Strand, flaches Meer: Palanga ist der größte Badeort Litauens

aber mittendrin gibt es ein botanisches Kleinod: das wieder aufgebaute *tropische Gewächshaus*, das der litauische Graf Tiškevičius einst hegte und pflegte. Der reiche Graf hat in dieser Region eine Reihe von Anwesen hinterlassen. Im Gewächshaus, im tropischen Klima, können Sie im *Pas Grafą* angenehm speisen oder einen Kaffee trinken. Ein Heimatmuseum gehört auch noch dazu. *Vilniaus 20, Tel. 445/ 513 66, Di– So 12–23 Uhr*

ren Teil der Altstadt. Hier befand sich das jüdische Viertel der Stadt. Die Mittelinsel der Straße mit ihren zahlreichen Parkbänken ist vor allem im Sommer voller Flaneure.

Die moderne Lebensader ist aber der in die Neustadt führende Boulevard *Gedimino prospekt*, der sich von der wuchtigen Kathedrale bis hinüber zum Parlament zieht. Dort, rund um Ministerien und Ämter, spielt sich auch ein Großteil des Nachtlebens ab.

VILNIUS (WILNA)

Karte in der hinteren Umschlagklappe

[131 E–F4] Die litauische Hauptstadt ist ein inmitten sanfter Hügel gelegenes Schmuckstück des Barock, dessen Häuser und zahllose Kirchen in Pastellfarben bemalt sind. Vilnius (600 000 Ew.), jahrelang ein Zankapfel zwischen Litauen und Polen, hat eine reiche jüdische Geschichte – für die osteuropäischen Juden war die Stadt mit ihrem Vordenker Gaon von Wilna ein geistiges Zentrum, das als »Jerusalem des Ostens« weit über die Region hinaus von Bedeutung war. Hier wurden die Werke von Albert Einstein oder Franz Kafka ins Jiddische übersetzt. Die kurze deutsche Besatzungszeit reichte aus, diese Kultur auszulöschen.

Vilnius verfügt über eine ausgedehnte Altstadt. Durch den älteren Teil führt die belebte *Pilies gatvė*. Sie grenzt an die in einem ganzen Straßenblock verteilten Gebäude der Universität, die zu den ältesten und größten Europas gehört. Die zweite Straßenachse der Altstadt, die *Vokiečių gatvė*, führt durch den jünge-

Barrikaden (Barrikadų liekanos)

In der heißesten Phase des Unabhängigkeitskampfes verbarrikadierten sich die Litauer 1990/1991 in ihrem Parlament. Drinnen versuchte Vytautas Landsbergis in dramatischen Stunden, das Land auf Unabhängigkeitskurs zu halten. Einige der Barrikaden stehen noch heute. »Danke Landsbergis!« hat jemand darauf gekritzelt. *Parlament (Seimas), Gedimino 53*

Burgberg (Gedimino kalnas)

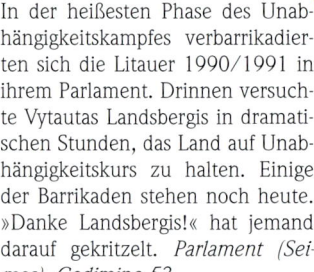 Vom erhaltenen *Gediminas-Turm (Gedimino bokštas)* der Oberen Burg hat man eine schöne Aussicht auf die Stadt. *Di–So 11–17 Uhr, Arsenalo 5, Aufstieg durch den Park hinter der Radvilaitės Straße.* Doch die beste Aussicht hat man nicht vom Wahrzeichen selbst, denn dann fehlt es im Stadtbild. Besserer Blick: vom oberen Teil der *Maironio-Straße.*

Gotisches Ensemble (Sv. Onos ir Bernadinų bažnyčia)

★ Die spätgotische *St.-Annen-Kirche (Šv. Onos bažnyčia)* setzt mit ihrer reich verzierten Backsteinfas-

sade und zahlreichen Türmchen einen markanten roten Tupfer am Rand der Altstadt. Gemeinsam mit der eher schlicht gehaltenen großen *Bernhardinerkirche (Bernarndinų bažnyčia)* direkt nebenan bildet St. Annen ein gotisches Architekturensemble. *Maironio 8; St.-Annen-Kirche geöffnet Mo–Sa 10–15 u. 17–19, So 8–13 Uhr, Tel. 5/261 12 36*

Insider Tipp Heilige Quellen

In heidnischer Zeit verehrten die Litauer viele Heiligtümer: Bäume, Haine, Schlangen und Quellen. Im Umkreis von Vilnius gibt es mehrere Quellen, die die Hauptstädter bis heute ansteuern, ausgerüstet mit Trichtern und Plastikflaschen. Hartnäckig hält sich die Überzeugung, dass das Wasser aus der Erde gesünder sei als das aus dem Hahn. *Im Verkiai-Park im Stadtteil Antakalnis unweit der Kirche. Fahren Sie hinter der großen Trolleybus-Station rechts bis zur Plitinės-Straße, die Quelle befindet sich nach kurzer Strecke auf der linken Seite der Straße, zu erkennen an den vielen parkenden Autos. Fragen Sie nach šaltinis, das bedeutet Quelle.*

Kathedralenplatz (Arkikatedros aikštė)

🏃 Der frei stehende *Glockenturm (Varpinė)* vor der Kathedrale ist ein beliebter Treffpunkt. Der Turm ruht auf mittelalterlichen Fundamenten, wurde aber im Lauf der Zeit aufgestockt und umgebaut. Die tempelartige, weiße, in klassizistischem Stil erhaltene *Kathedrale St. Stanislaus (Arkikatedra bazilika)* entstand auf den Steinen der ersten christlichen Kirche, die hier nach der Konvertierung von König Mindau-

gas im 14. Jh. errichtet wurde. Am Ostrand des Platzes steht das *Denkmal* des Großfürsten Gediminas. Er war Begründer des machtvollen spätmittelalterlichen Großfürstentums und machte Vilnius zur Hauptstadt. *Katedros 1*

Kirchen

Vor allem die barock-prachtvollen Innenräume der *St.-Peter-und-Paul-Kirche (Šv. Petro ir Povilo bažnyčia)* etwas außerhalb der Innenstadt beeindrucken. Im Kircheninneren dominiert die Farbe Weiß. Als Verzierung sind zahlreiche Figuren und Gesichter angebracht – es sollen 2000 sein *(keine festen Öffnungszeiten, Antakalnio 1)*. Die *Heiliggeistkirche (Šv. Dvasios bažnyčia)* aus dem 18. Jh., die von Dominikanermönchen umgebaut wurde, stammt ebenfalls aus dem Barock *(tgl. 14.30–18 Uhr, Dominikonu 8)*. Spielzeughaft erhebt sich inmitten der Altstadt die orthodoxe *Nikolauskirche (Šv. Mikalojaus cerkvė, tgl. 9–18 Uhr, Didžioji 12)*.

Synagoge (Sinagoga)

Wieder aufgebaut, ist sie das einzig erhaltene jüdische Gotteshaus von einst 96 Synagogen, die es vor dem Beginn des Naziterrors in Vilnius gab. *Keine offiziellen Öffnungszeiten, Pylimo 39*

Tor der Morgenröte (Aušros Vartai)

⭐ Das Tor ist das einzig erhaltene Stadttor aus dem 16. Jh. und die Kapelle über dem Torbogen ein Wallfahrtsort für viele Katholiken. Darin ist ein berühmtes Bildnis der heiligen Maria zu sehen. *Links vor dem Tor ist der Eingang, der zur Kapelle hinaufführt. Aušros vartų*

Die Säulenhalle an der Vorderfront der Vilniuser Kathedrale

Universität (Universitetas)

Die Universität, mitten im Altstadtkern gelegen, wurde 1579 gegründet und von den Jesuiten geleitet. Sie erstreckt sich über 12 Innenhöfe. Die Lehrgebäude entstanden in der Zeit vom 16. bis zum 20. Jh. Die universitäre *Johanniskirche* ist zwar nicht die schönste, wohl aber die älteste Steinkirche Litauens. Schöner Bibliothekslesesaal. Ausführliche englischsprachige Information und Karte im Internet. *Universiteto 3, Tel. 5/68 70 01, Fax 68 70 96, www.vu.lt*

MUSEEN

Insider Tipp

Bernsteinmuseum und Galerie (Gintaro muziejus)

Von der Größe her kein Vergleich zum riesigen Museum in Palanga, dafür aber besser und auch auf deutsch beschriftet. *Tgl. 10–19 Uhr, Šv. Mikolo 8*

Gedenkstätte Paneriai (Panerių memorialas)

Im Wald des Vilniuser Stadtteils Paneriai wurden zwischen 1941 und 1944 ca. 100 000 Menschen von der SS ermordet, zwei Drittel waren Juden. 1945 wurde ein erstes Mahnmal errichtet, anstelle dessen in den 1950er-Jahren ein »Denkmal für die Opfer des faschistischen Terrors« gebaut wurde. Seit 1991 gibt es ein neues Mahnmal, ein in den Waldboden eingelassenes, flaches, steinernes Rund. Es wurde von einem Litauer jüdischen Glaubens gespendet, der während der Zeit der Judenverfolgung nach Palästina entkommen konnte. *Gedenkstätte Paneriai (Poner), 10 km von Vilnius, aus der Stadt über die Savanorių Straße.*

Das *Genozid-Museum (Panerių muziejus)* nebenan wurde 1960 gebaut. Es zeigt Gegenstände, die man am Ort des Massenmords fand. Zu sehen sind auch Fundamente der Baracken und die Gruben, in die die Toten geworfen wurden. *Mi–Fr 11–18 Uhr, Agrastų 17*

KGB-Museum (Genocido Aukų muziejus)

Die Zentrale des sowjetischen Geheimdienstes KGB ist heute ein

Blick über die Dächer von Vilnius

Museum und wird auch »Museum für die Opfer des Völkermords« genannt. Englischsprachige Führungen. Einige Zeitzeugen und Überlebende führen gern durch die Ausstellung, z.B. *Albinas Kentra (Tel. 5/268 72 42)*, der auch Deutsch spricht. *Di–So 10–18 Uhr (Mitte Sept.–Mitte Mai 10–16 Uhr), Aukų 2 A, Tel. 5/49 62 64*

Staatliches Jüdisches Museum (Žydų muziejus)

Das Museum wurde 1990 eröffnet. Es zeigt Erinnerungsstücke an die jüdische Gemeinde in Vilnius und informiert über das Judentum in Litauen. *Mo–Do 9–17 Uhr, Pamén-kalnio 12*

Zentrum für zeitgenössische Kunst (Šinulaikinio Meno Centras)

Wechselnde Ausstellungen internationaler Künstler. Das Café im Parterre ist ein wuseliger Künstlertreff.

Ausstellung Di–So 11–19 Uhr, Vokiečių 2

ESSEN & TRINKEN

Amatininkų Užeiga

Düster und urig, dafür leckeres Essen. Das Lokal, in dem auch zu später Stunde gekocht wird, wurde durch Gerhard Schröder berühmt: Der entschied sich hier beim Stadtbummel mit dem Präsidenten im Jahr 2000 für ein schnelles Bier. *Didžioji 19, Tel. 5/261 79 68, € – €€*

Freskos

Für gehobene Ansprüche. Rustikaler Schick im Rathaus, an Wochenenden mit Klaviermusik. *Didžioji 31, Tel. 5/261 81 33, €€€*

Idabasar

Herrlich luftig-leichte Elsässer Flammkuchen, hier »Französische Pizza« genannt. *Subačiaus 3, Tel. 5/262 84 84, €€*

Keisti Ženklai
Eine der letzten Gaststätten der Altstadt, die sehr preiswerte, schlichte
und gute Küche anbietet. Beliebt
bei den Angestellten der Umgebung. *Trakų 13, kein Telefon, €*

Po Saule
Ein Franzose verliebt sich in eine
Litauerin. Folgerichtig eröffnet er
ein Restaurant in Vilnius. Jetzt
schlemmt die Stadt französisch.
*Labdarių 7/11, Tel. 5/262 48,
€€€*

insider tipp Žemaičiu Smuklė
Im »niederlitauischen Schatzkas-
ten« gibt es gute und deftige litauische Küche in mehreren rustikalen
Kellerräumen. *Vokiečių 24, Tel.
5/261 65 73, €€*

EINKAUFEN

Alita
Kaufen Sie hier ihr Souvenirfläsch-
chen. Zur Auswahl: *Balzamas*, eine
dunkle hochprozentige Mixtur aus
Honig, Wurzeln und Kräutern. *Star-
ka*, eine Art litauischer Cognac. *Sa-
mané*, traditioneller Getreide-
schnaps. *Mo–Sa 8–22, So 9–20
Uhr, Pilies 30*

FotoServisas
Hier brennt man Ihnen die Digital-
aufnahmen auf CD – zu einem ge-
ringeren Preis als in Deutschland.
Gedimino 7

Kalvarijų turgus
Es gibt mehrere Märkte, aber dieser
hier ist besonders vital. Trödelmarkt
in Übergröße und zahlreichen
Überbleibseln aus sowjetischer Zeit
im Angebot. *Di–Sa bis 17 Uhr, Kal-
varijų 61*

Kuparas
Ein Souvenirgeschäft, aber es gibt
schönes Kunsthandwerk – etwa
Miniaturversionen der hölzernen
Waldgeister, wie sie in der Gegend
von Druskininkai oder in den Wäl-
dern nördlich von Vilnius stehen.
Šv. Jono 3, 2. Etage

ÜBERNACHTEN
Zahlreiche Hotels bieten Sonder-
preise am Wochenende.

Bernardinai Guest House
Ein bisschen hellhörig sind die
Zimmer, die über verschiedene Etagen des Altstadtwohnblocks verteilt
sind. Für die Lage unweit von Ka-
thedralenplatz und gotischem Ensemble ziemlich günstig. *7 Zi., Ber-
nardinų 5, Tel./Fax 5/260 84 21,
€–€€*

Centro Kubas
Unwahrscheinlich große Zimmer,
z. T. herrlich über den Dächern des
alten jüdischen Gässchenviertels
gelegen. *29 Zi., Stiklių 3, Tel.
5/266 08 60, Fax 66 08 63,
www.centrokubas.lt, €€*

City Park
Einwandfreie Zimmer ohne über-
flüssigen Schnickschnack, in kleiner Seitenstraße unweit des Kathe-
dralenplatzes. Preise verhandelbar.
*32 Zi., Stuokos-Gucevičiaus 3, Tel.
5/210 74 63, Fax 210 74 60,
www.citypark.lt, €€€*

Idabasar
Deutsch-litauisches Gemeinschafts-
unternehmen: Restaurant mit Gäs-
tezimmern der gehobenen Katego-
rie. *7 Zi., Subačiaus 1–3, Tel./Fax
5/262 29 09, €€€*

Užupio Viešbutis

In dem Hotel im etwas schrägen Künstlerviertel Užupis kann man sich seine Unterkunft selbst zusammensetzen: etwa Gemeinschaftsdusche und -schlafraum oder Einzelplatz mit allem Drum und Dran. Entsprechend variabel ist der Preis (ca. 8–50 Euro). *Variable Zimmerzahl, Paupio 31 A, Tel. 5/264 31 13, kein Fax,* €

FREIZEIT & SPORT

Lietuvos Telekomas Fitness

Schwimmen, Fitness, Sauna – das große Sportzentrum bietet alles unter einem Dach. *Tgl. 7–22 Uhr, Savanorių 28, Tel. 5/260 37 57*

Eisbahn

Die Anlage ist groß genug für 400 Eistänzer. *Tgl. 10–24 Uhr, Ažuolyno 5*

AM ABEND

Brodvėjus

🏃 An Wochenenden wird die ganze Kneipe zum Ort einer riesigen Studentenparty. *Mi–Sa 12–5 Uhr, So/Mo 12–2, Di 12–4 Uhr, Mėsinių 4, www.brodvejus.lt*

Būsi Trečias

Mit viel Holz eingerichtete Bars gibt es viele in Vilnius – aber nicht viele, die selbst gebrautes Bier ausschenken. *Tgl. 11–23 Uhr, Totorių 18*

Insider Tipp Café de Paris

🏃 Kleine Bar, die von der jungen Wilnaer Künstlerszene bevölkert wird. Ein DJ macht Stimmung. *So–So 11–2, Fr/Sa bis 3 Uhr, Didžioji 1*

Nationale Philharmonie (Nationalinė filharmonija)

Hier spielt eines der bedeutendsten Orchester des Landes. In der Philharmonie ist nicht nur klassische Musik zu hören, auch Jazzmusiker und Gospelchöre geben Konzerte. Die Philharmonie ist zudem Bühne für Ballettaufführungen. *Aušros vartų 5, Tel. 5/266 52 16, Kartenvorverkauf Di–Sa 11–19, So 11–13 Uhr, www.filharmonija.lt*

Prie Parlamento

🏃 »Beim Parlament« bietet westliche Pubatmosphäre auf zwei Etagen (Disko im Keller). *Gedimino 46, Tel. 5/249 66 06, www.prieparlamento.lt*

Ritos Slėptuvė

»Ritas Versteck«. Im Restaurantbereich dem Hinweis *Baras* folgen und rein ins eintrittsfreie Tanzvergnügen. Mittleres Alter. *Mo–Do 8–2, Fr/Sa 8–4, So 8–24 Uhr, Goštauto 8*

ZIELE IN DER UMGEBUNG

Aukštaitija-Nationalpark Nacionalinis Parkas
Aukštaitija   [128–129 C–D4]

⭐ Der Nationalpark in Oberlitauen (etwa 100 km nordöstlich von Vilnius) ist einer der einsamsten, schönsten und romantischsten. Auch Litauer schätzen die Abgeschiedenheit des seen- und waldreichen Gebiets am Rand der EU. Der Park umfasst 300 km^2 und ist von Wander- und Radwegen durchzogen. Mit Booten kann man Wasserläufe und Seen erkunden, vielerorts gibt es Badestellen. Einziger Schönheitsfehler: Bei Ignalina steht ein Atomkraftwerk vom Typ Tscherno-

byl, das aber bald abgeschaltet wird.

Die zentrale Touristeninformation befindet sich in Palūšė. Das Zentrum vermietet auch Sommerhäuser und Zimmer (€), organisiert Touren und hält Infos rund um das Thema Wassersport bereit *(Tel. 29/474 30, Fax 531 35, anp@is.lt). Tgl. fahren sieben Züge ab Vilnius, Fahrzeit zwei Std. bis Ignalina, dann Taxi zum Örtchen Palūšė*

Grūto parkas [130 C6]

Wo einst das Abbild Lenins stand, sieht man heute vielfach ein schlichtes Nichts – etwa auf dem riesigen *Lukiškių aikštė*, einst Leninplatz von Vilnius. Der Pilzkonserven-Fabrikant Viliumas Malinauskas hat einige Dutzend eingemottete Denkmale von Lenin und anderen Chefkommunisten in einem Waldstück bei Druskininkai (130 km südwestlich von Vilnius) wieder aufgestellt. *Tgl. 9–19 Uhr; über die A 4 in Richtung Druskininkai, links abbiegen nach Grūtas*

Trakai [131 E4]

★ Das Städtchen Trakai (6200 Ew.) war einst Hauptstadt des litauischen Reiches. Malerisch gelegen, umgeben von vier miteinander verbundenen Seen, ist es heute ein sehr beliebtes Ausflugsziel (30 km ab Vilnius), vor allem bei Wassersportlern und geschichtlich Interessierten. Die große gotische *Inselburg (Di–So 10–18 Uhr)* ist besonders sehenswert. Auskunft: *Vytauto 69, Tel. 528/519 34*; Übernachten: *Trakū, Ežero 7, Tel./Fax 528/555 05, €€; Galvė, Karaimų 73, Tel. 528/513 45, kein Fax, €*

In der Gegend leben noch einige Karaiter (Karaäer), eine winzige Splittergruppe einer jüdischen Sekte. *Karaiter Museum Mi–So 10–18 Uhr; Karaimų 22*; Karaitische Spezialitäten können Sie hier versuchen: *Kibininė, Karaimų 65, €*

Eine lange Holzbrücke führt zur Inselburg Trakai

Von Schatzsuchern und wilder Natur

Die Touren sind in der Karte auf dem hinteren Umschlag und im Reiseatlas ab Seite 118 grün markiert

1 AUF BERNSTEINSUCHE IN LITAUEN

Der Ausflug führt vom Badeort Palanga über das Ostseedörfchen Karklė weiter an die Bernsteinstrände an der Kurischen Nehrung. Wenn Sie alle Stationen abfahren möchten, ist eine telefonische Absprache mit der Bernstein-Meistergilde nötig. Länge: einfache Strecke ca. 50 km, Dauer: 2 Tage

Seit dem Zweiten Weltkrieg wird das Bernsteinzimmer des Zaren Peter des Großen vermisst, und immer mal wieder wird es irgendwo rund um die Ostsee vermutet – z. B. im Badenest Preila auf der Kurischen Nehrung, wo ein ZDF-Team vor einigen Jahren mit großem Aufwand danach suchte. Ein Zeitzeuge wollte gesehen haben, wie gegen Kriegsende Wehrmachtsoldaten Kisten im Ostseeschlick versteckten. Wie immer führte auch diese Spur ins Nichts.

Das Bernsteinzimmer werden Sie daher nicht finden, eventuell

Reich verziertes Treppenhaus im lettischen Schloss Rundāle

aber einige kleinere, schöne Stücke Bernstein.

Die Tour beginnt im Bernsteinmuseum von *Palanga (S. 78)*, das die größte und wertvollste Bernsteinsammlung der Welt besitzt. Es sind spannende Blicke auf seit Jahrtausenden versteinerte Spinnen und Käfer möglich. Leider sind die litauisch-russischen Erklärtafeln nur teilweise ins Deutsche und Englische übersetzt.

Nach diesem Ausflug in die Urgeschichte können Sie nebenan studieren, wie Bernsteinschmiede heute arbeiten: Melden Sie sich dazu rechtzeitig in der Palanger *Bernstein-Meistergilde* bei Albertas Petkevičius *(Tel. 003706/826 91 39, Fax 460/431 36, ambercoast@omnitel.net)* an. Er spricht Englisch und organisiert einen Besuch in einer Bernsteinwerkstatt *(gintaro dirbtuvė)* für Sie.

Weiter geht die Tour in Richtung Klaipėda. Verlassen Sie die Schnellstraße A 13 beim Abzweig Karklė. Kurz vor dem Ortsschild des Ostseedorfs biegen Sie auf den kleinen Weg ab, der nach rechts zum Meer führt. Hinter den Dünen können Sie an ruhigen, sonnigen Tagen beobachten, wie Litau-

Insider Tipp

er professionell nach Bernstein suchen – mit Netzen, wie sie schon vor hundert Jahren benutzt wurden. Manche Sucher bringen an guten Tagen 1 bis 2 kg mit nach Hause.

Fahren Sie zurück zur A 13 und weiter nach *Klaipėda*. Bevor Sie dort in einem der Jazzclubs den Abend ausklingen lassen, können Sie einen der Souvenirshops mit Angeboten rund um das Gold der Ostsee ausprobieren – z. B. das *Dovanų Rūmai (S. 74)* – oder ein paar Schritte weiter in der *Galerija Pėda (S. 75)* bestaunen, was der bekannte litauische Künstler Vytautas Karčiauskas aus Bernstein und anderen Materialien der Region formt.

Vorsicht bei den vielen fliegenden Bernsteinhändlern, die Ihnen auf der Tour begegnen: Es werden oft täuschend echte Fälschungen angeboten. Sogar den alten Test mit dem Reiben an Wolle – danach sollte echter Bernstein sogar Papierschnipsel anziehen – wird Ihnen der eine oder andere Händler trickreich vorführen. Probieren Sie es lieber so: Bernstein in Wasser legen. Nur echter Bernstein schwimmt.

Nun führt der Ausflug auf die *Kurische Nehrung*. Nach der kurzen Überfahrt mit der Fähre *(am besten mit der Autofähre am neuen Hafen (naujas uostas) von Klaipėda, Nemuno 8)* folgen Sie der Straße auf dem schmalen Landstrich Richtung Nida. Hier an der Ostseeküste, die bis zur russischen Grenze an mehreren Stellen zugänglich ist, können Sie selbst fündig werden. Die Chancen dazu erhöhen sich im Frühjahr oder Herbst. Dann wird viel Seegras angeschwemmt, in dem sich oft kleine Bernsteinstücke verbergen. Ein Tipp: ==Möwenschwärme zeigen Stellen== an, wo Seegras liegt – ein kleines Geheimnis erfahrener Nehrungsbewohner.

Auf der Fahrt nach Nida führt die Straße am verschlafenen Bade-

Von der Ostsee angespülter Bernstein

ort *Juodkrantė (Schwarzort)* vorbei. Weil hier besonders große Mengen Bernstein im Schlick des Haffs lagen, wurde er im 19. Jh. industriell abgebaut. Noch heute finden sich Bernsteinreste einen halben Kilometer vor der Küste Juodkrantės. Dort selbst nach dem Edelstein zu stochern ist allerdings verboten: Dafür benötigt man eine Lizenz.

In *Nida* angekommen, besuchen Sie den Bernsteinkünstler und Fotografen Kazimieras Mizgeris im *Bernsteinmuseum (S. 77)*. Er lässt sich zum Thema Bernstein immer etwas Außergewöhnliches einfallen. Probieren Sie z. B. seinen »Bernsteinschnaps«: Im Wodka lösen sich die Bernsteinstückchen langsam auf und machen so angeblich die Urkräfte des Harzes trinkbar. Nur einen Löffel trinken! Bei Mizgeris können Sie auch Ihre Funde auf Echtheit überprüfen lassen.

2 LETTLANDS SCHLÖSSER UND BURGEN

In Lettland gibt es zahlreiche alte Herrenhäuser, die nach der Wende frisch herausgeputzt wurden. Die Tour führt zum neugotischen Jagdschloss bei Tukums und ins Schloss Pedvale. In der Burg bei Jaunpils können Sie in alte Rüstungen schlüpfen und in Schloss Rundāle die ganze Pracht des einstigen Herzogtums Kurland bewundern. Länge: 270 km, Dauer: 1–2 Tage

700 Jahre lang herrschte der Deutsche Orden in Lettland. Zwar sind von den vielen Hundert Schlössern und Gutshäusern meist nur Ruinen geblieben, doch vierzig

der kleinen und großen Paläste von einst können Sie besuchen *(www.castles.lv)*.

Die Tour führt von Rīga auf die A 10 in Richtung Ventspils. Die Reise beginnt in der westlichsten lettischen Provinz *Kurzeme (Kurland)*, die wegen ihrer fruchtbaren Böden schon früher als Kornkammer bezeichnet wurde und unter Herzog Jakob zu Reichtum und Wohlstand kam. Ungefähr 12 km hinter Tukums liegt das *Schloss Jaunmokas*, ein kleiner Palast aus rotem Ziegelstein, ganz im Stil des Art nouveau. Das Schloss diente seinem Besitzer als Jagdschloss. Heute gehört es dem lettischen Forstministerium.

Von Jaunmokas fahren Sie zurück auf die A 10 in Richtung Ventspils. Nach ca. 20 km links auf die P 130 abbiegen, in Richtung Kandava und Sabile. Nun befinden Sie sich im landschaftlich schönsten Gebiet des Kurlands, der so genannten *Kurländischen Schweiz*.

In Sabile führt die Straße nach links zum *Schloss Pedvale*. Für eine umfangreiche Renovierung der ehemaligen Gutshäuser fehlte das Geld. Deshalb lud der lettische Künstler Ojars Feldbergs 1992 zur Gründung eines Openairmuseums ein. Seitdem werden in Pedvale Jahr für Jahr Künstlerworkshops durchgeführt und die neuen Kunstwerke in der Landschaft aufgestellt. 1999 wurde das ungewöhnliche Finanzierungsprojekt von der Unesco ausgezeichnet. Nehmen Sie sich für Pedvale viel Zeit, es lohnt sich! Wer möchte, kann hier in einem der authentisch renovierten Zimmer im Herrenhaus übernachten und sich auf diese Weise in die Zeit der vorletzten Jahrhundertwende zurückversetzt fühlen.

Von Schloss Pedvale fahren Sie zurück auf die A 10 bis Tukums, dann auf die P 104 nach Jaunpils.

Insider Tipp Der Besuch von *Schloss Jaunpils* (Neuenburg) versetzt jeden Besucher sofort ins Mittelalter. Hier trifft man den jungen Kaspars Sivanis *(Tel. 929 63 34)*. Für die lebendigen Schlossführungen ist Jaunpils berühmt, denn Sivanis schlüpft in die Rolle des Bruders Theodor. Theodor war ein Mönch, der mit den deutschen Kreuzrittern ins damalige Livland kam. Bei Sivanis darf auch mal ein Helm probiert werden, und man lernt, wie man ein Schwert richtig führt.

Von Jaunpils führt die Tour weiter nach Dobele und über die P 103 in Richtung Bauska direkt nach Rundāle, rund 18 km hinter Eleja. ★ *Schloss Rundāle (Ruhenthal)* ist ein wirklicher Palast, das oft als »Versailles an der Ostsee« bezeichnet wird. Anfang des 18. Jhs. von Bartolomeo Francesco Rastrelli entworfen, erlebte das Barockschloss seine Blüte unter Herzog Ernst Johann Biron von Kurland. Bei der Renovierung wurde darauf geachtet, den Wohnraum der Herzogfamilie genau zu rekonstruieren. Heute dient das Schloss u. a. für Staatsempfänge der lettischen Präsidentin. Zudem finden wechselnde Ausstellungen statt. Übernachten kann man im Hotel *Bauska*, das ist ca. 20 km entfernt im gleichnamigen Ort *(Slimnicas 7, Tel. 39/ 247 05, €)*. Oder Sie fahren gleich von Bauska auf der A 7 zurück nach Rīga.

Die Schlössertour lässt sich beliebig ausdehnen. Buchtipp: »Pearls of Latvia« beschreibt alle 40 Schlösser des Landes und gibt weitere Kontaktadressen an.

3 NATUR PUR IN ESTLAND

 Die Route führt zu den Schätzen der estnischen Natur: Zunächst in den Lahemaa-Nationalpark am Meer, dann an den riesigen Peipus-See (Peipsi järv) an der russischen Grenze. Für die Fahrt sollten Sie mehrere Tage einplanen: An den einzelnen Orten kann man es lange aushalten. Länge: ca. 250 km

Am Rand des Kontinents gelegen, bietet Estland weite, unbewohnte Landschaften und einsame Ferienhäuser, deren Gärten wilde Tiere durchstreifen. Auf den einfachen Straßen kommt einem manchmal lange kein Auto entgegen.

Die Tour beginnt im *Nationalpark Lahemaa* östlich von Tallinn. Verlassen Sie, von Tallinn kommend, die Autobahn A 1 nach Narva hinter Kuusalu links in Richtung Kolga. Vorbei an alten *deutschbaltischen Gutshäusern* führt die Straße in Richtung Võsu in die urwüchsige, kiefernbewachsene Landschaft des Schutzgebiets Lahemaa. Biegen Sie links ab Richtung *Käsmu* an der Ostsee, einem kleinen verschlafenen Hafenort an einer weitläufigen Bucht, die von groben Findlingen und Seegras übersät ist. Entlang der Küste gibt es zahlreiche Wege für ausführliche Erkundungen. In der Gegend bauten sich viele Esten ein Landhaus mitten in der Natur. Das Gebiet war zu Sowjetzeiten nur mit Ausweis zu betreten. Noch heute stehen zahlreiche ⚐ Wachtürme an der Küste. Von denen hat man eine schöne Aussicht.

Die Tour führt zurück zur A 1, allerdings über Viitna, dann weiter Richtung Narva. Auf der Höhe von

Vom Eis aus Skandinavien hierher verfrachtet: Findling im Wald bei Käsmu

Kohtla-Järve fahren Sie Richtung Ontika an die Ostsee. Das Gebiet liegt an dem Abschnitt der estnischen ◁▷ Steilküste, wo sie am höchsten ist und sich wild überwuchert der Ostsee entgegenstellt.

Auch ein Ausflug ins Örtchen *Valaste* (östlich von Ontika) lohnt sich, denn hier befindet sich ein weiterer Superlativ der estnischen Natur: der höchste Wasserfall des Landes, *Valaste juga* (gut ausgeschildert).

Interessant ist außerdem ein Abstecher landeinwärts zur Stadt *Kiviõli*. Dazu über die Dörfer entlang der Küste fahren: von Valaste über Ontika, Saka und Aa, ein Stück auf der A 1, dann die Abfahrt Kiviõli nehmen. Die hohen *Aschenberge (Tuha mäed)* im Umland der Stadt sind die Überreste des Ölschiefers, Estlands einzigen Energieträgers. Die ◁▷ hohen eisernen *Förderbahnen* für den Schutt sind nicht mehr in Betrieb, stehen aber für Touristen

noch bereit – als grandiose Aussichtsplattform. Der Aufstieg ist mühsam, aber erst von oben sehen Sie, wie einsam das Land wirklich ist. Im ganzen Land wohnen weniger Menschen als in Hamburg.

Zum nächsten Ziel fahren Sie über die A 1 erst zurück in Richtung Narva, dann südostwärts bis Jõhvi. Von dort die A 3 in Richtung Mustvee nehmen, dem Hauptort am Peipus-See. Die Reise endet in *Kauksi*. Dort sind die ausgedehnten Dünen und Strände an Estlands See besonders einsam – verwunderlich eigentlich, denn an warmen Tagen ist die Gegend ein echter Urlaubstraum. Romantische Holzhütten, 2 km von Kauksi im Wald: *Kauksi Puhkemaja, 41001 Kauksi, Tel. 033/729 96, Fax 692 73, http:// my.tele2.ee/kauksipuhkemaja/eng /avaleht.html;* Kauksi Camping an der Nordseeküste: *Juni–Sept., Hanseni 17, 41101 Iisaku, Tel./Fax 033/935 95, telklaager@hot.ee*

Insider Tipp

Wie geschaffen für Radler und Wassersportler

Noch fehlt es an einem umfassenden Konzept für Sporttourismus. Doch in Einzelinitiative entstehen mehr und mehr Angebote

Auch bei den Nationalsportarten wollen sich die Balten einfach nicht einigen. Kurz gesagt: In Litauen ist Basketball ganz groß, Lettland ist begeistert von Eishockey, und die Esten favorisieren immer den Sport, in dem gerade einer der ihren eine Medaille ergattert hat.

Abseits der Vereine ist Massensport hingegen wenig verbreitet – kaum ein Jogger dreht seine Runden durch die Parks von Vilnius oder Rīga, in den großen Schwimmhallen ziehen wenige Menschen ihre Bahnen. Sport wird in die baltischen Länder wohl erst dann als Massenphänomen einziehen, wenn der allgemeine Lebensstandard höher liegt.

Bei denen, die den Sport schon jetzt für sich entdeckt haben, ist Wassersport sehr beliebt – vor allem auf den kaum berührten Flüssen und Seen. Rudern hat eine lange Tradition. Boote kann man fast überall leihen, und das zu günstigen Preisen. Bei Einheimischen wie Touristen sind aufregende Wildwassertouren in. In diesem Bereich gibt es schon viele professionelle Anbieter. Nach und nach erobern die Balten auch das Meer mit trendigen Sportgeräten. Surfen und Wellenreiten sowie Segelsportarten liegen finanziell zwar weit außerhalb der Reichweite für baltische Normalbürger. Aber man sieht immer mehr junge Leute aus neureichen Familien, die sich ein Surfbrett auf ihren Dachgepäckträger schnallen. Vor allem unweit der Städte haben sich Treffpunkte entwickelt, etwa am alten Olympiazentrum am Strand von Pirita. Mit der zunehmenden Zahl der Touristen wird das Sportangebot insgesamt weiter steigen.

Das Baltikum ist dank seiner sanften Steigungen besonders prädestiniert für Radtouren. Früher bei den Balten eher als Transportmittel für Arme gesehen, hat sich inzwischen eine Radfahrerbewegung formiert, die selbst alljährlich im Sommer eine große Rundreise (Baltic-Cycle) veranstaltet.

Nicht nur die Ostsee, auch zahlreiche Seen laden zum Segeln ein

ANGELN

Nach wie vor Männersport Nummer eins. In den zahlreichen Seen und Flüssen wimmelt es von Fischen. In der Regel werden Angelscheine benötigt, die gegen geringe Gebühr in den Touristikämtern zu haben sind. In den Naturschutzgebieten stehen verschiedene Fischarten unter Artenschutz. Achtung: Einige Wälder und zugehörige Seen sind in Privatbesitz. In Estland angelt es sich am besten im Park Soomaa *(Angelschein wird im Besucherzentrum ausgegeben, bei organisierten Touren enthalten)*. In Tartu gibt es Information, Angelausrüstung und -scheine in der *Võru 80, Tel. 07/34 39 00*, und beim kommunalen Umweltdienst, *Aleksandri 14, Tel. 07/30 22 50*. In Westestland bei *Pidula Fischzucht, Kallaste, Tel. 45/465 13, aare.lehtsi@mail. ee.* In Lettland liegen die fischreichsten Seen westlich von Rīga, vor allem rund um Dobele. *Staatliches Forst- und Fischereiamt, Kristapa 30, Rīga, Tel. 760 20 75, www.lvm.lv.* In auen ist die Kurische Nehrung eine Fischerhochburg. Angelschein für Litauen von der Fischereibehörde in Vilnius, *Juozapavičiaus 9, Tel. 5/272 37 86*

KANU, KAJAK & RUDERN

Preiswerte Tret- und Ruderboote gibt es an vielen Seen des Baltikums, etwa den Grünen Seen bei Vilnius. Aufregender sind Wildwasserfahrten mit dem Kanu, z. B. entlang des estnischen Flüsschens Ahja bei Tartu. Mehrere Veranstalter bieten organisierte Bootstouren an. Telefonisch erhalten Sie Auskunft, wann und wo es losgeht. Die Ahja,

südwestlich des estnischen Peipus-Sees, ist sehr wechselhaft, erst ein gemütlicher, dann ein reißender Strom. Aber keine Angst: Wo es wirklich gefährlich ist, stehen Aufpasser der Veranstalter bereit. Kanutouren in Estland: *VeeTee, Tel. 506 09 87, Fax 767 99 64, info@veetee.ee;* Alternativ: *Kagureis, Tel. 0/799 85 30, Fax 799 85 31, kagureis@kagureis.ee;* Kanutouren auf der Gauja bei Rīga: *Makars Agentur in Sigulda, Peldu 2, Tel. 924 49 48, www.makars.lv;* mehrtägige Floßfahrten auf der Daugava in Lettland: *Marģers Laiviņš, Bauskas 4, Jēkabpils, Tel. 371/955 84 38, lmtur@apollo.lv.* In Litauen geben die Touristeninformationen in den Nationalparks nähere Auskunft: Adressen unter *www.tourism.lt.*

RADFAHREN

Besonders schön für Radfahrer ist die waldreiche, leicht ==hügelige Gegend Südestlands== zwischen Pärnu und Tartu. Schließen Sie sich am besten den organisierten Touren vieler deutscher Veranstalter an, oder besorgen Sie sich Fachreiseführer – ohne Spezialkenntnisse sind Sie schnell aufgeschmissen. Es gibt noch fast keine Infrastruktur für Radfahrer. In den großen Städten ist Radfahren wegen rücksichtsloser Autofahrer nicht zu empfehlen. In aller Regel gibt es keine ausgewiesenen Radwege, und Radler müssen sich eigene Strecken erschließen. Nur in manchen Regionen sind Radwege markiert, etwa rund um Tartu, auf der Kurischen Nehrung oder in der Umgebung von Pärnu. Einige Hotels verleihen Fahrräder an ihre Gäste. Auch in jeder größeren Stadt gibt es Fahrrad-

Insider Tipp

Angeln ist eine beliebte Freizeitbeschäftigung im Baltikum

verleih. Ein Rad kostet zwischen 70 und 300 EEK pro Tag. *Estnischer Radsportbund, Regati 1, Tallinn, Tel. 0/639 86 79, ejl@ejl.sport.ee; Lettisches Radinfozentrum: Jēkabpils 19 A, Rīga, Tel. 750 70 41; Litauische Radfahrerunion: www. bicycle.lt*

REITEN

Im Baltikum werden viele Pferde gehalten. Bauernhöfe bieten inzwischen Reitferien an, es gibt zahlreiche Reitschulen. Reiterfreizeiten, bei denen alte deutschbaltische Herrenhäuser entlang der Strecke liegen, verbinden Naturgenuss mit erlebter Geschichte. Viele Möglichkeiten gibt es in Litauen: Man kann Palanga per Pferd erkunden oder auf der Kurischen Nehrung ausreiten. Reitzentrum *Jojimo centras* bei Vilnius: *www.horse.lt*. In Lettland gibt es eine Pferdefarm in *Burtnieki* bei Valmiera mit 200 Tieren *(Vintēnu 2, Tel. 912 45 73, info@burtnieki.com)*.

SAUNA

Insbesondere in Estland gehört regelmäßiges Schwitzen dazu. Die Landhäuser sind üblicherweise mit Holzofensaunen ausgestattet. Holz muss selbst gehackt werden. Die Esten saunieren mit Aufguss, und auch die Selbstauspeitschung mit Eichen- oder Birkenzweigen *(Viht)* gehört dazu. Die Mietsaunen in den großen Städten sind meist mit Elektroöfen ausgerüstet, Viht gibt es in den Hotelsaunen auch nicht. Saunen findet man überall im Baltikum. In Soomaa gibt es schwimmende Saunen auf Booten (Standort in der Touristeninformation, *S. 34,* erfragen). Rīga: Große Sauna für externe Gäste im *Hotel de Rome, Kaļķu 28, Tel. 708 76 00,* ca. 20 Euro/Person. Rabatt für Gäste des Hauses und des Schwesterhauses Konventa Sēta.

Paradies für Sandburgenbauer

Nicht nur Meer und Sandstrand warten auf die kleinen Besucher

In allen drei baltischen Staaten ist man sehr kinderfreundlich. Da gibt es keine genervten Blicke, wenn das Kind vom Nebentisch umhersaust, keine oberschlauen Ratschläge von Besserwissern, dafür viel Verständnis für die Kleinen und ihre Eltern.

Leider entspricht die Infrastruktur dieser positiven Grundeinstellung nicht. Kaum ein Restaurant hat Kindersitze oder etwas für die kleinen Gäste auf der Speisekarte, kaum irgendwo gibt es einen Spielbereich. Erwarten Sie keinen Kindersitz im Taxi, und Rad fahren kann, auch wenn das Kind keinen Kindersitz mehr benötigt, gefährlich sein.

Baltischer Pragmatismus wird dann aber doch das Beste daraus machen: In den Restaurants serviert man eben eine halbe Portion.

In manchen Städten, etwa im litauischen Kaunas, sind inzwischen zahlreiche Kindercafés und -theater eröffnet worden, die allerdings bisweilen stattliche Eintrittspreise verlangen. Und auf der Kurischen Nehrung, wohin es auch immer mehr Familien aus westlichen Ländern zieht, nimmt die Zahl der Frei-

Und was unternehmen wir heute?

luftbars mit angeschlossenem Sandkasten zu. An den Ostseestränden ist es ohnehin kein Problem, eine Beschäftigung für Kinder zu finden. Das weithin flache Wasser, etwa in der Bucht von Pärnu in Estland, ist ein echtes Paradies für Schwimmflügelträger.

ESTLAND

Bootsschaukeln   [118 B4]

Die Windmühlen bei Angla auf Saaremaa *(S. 35)* sind an sich schon spannend. Doch es gibt auch eine ganze Schaukelgalerie, unter anderem eine Bootsschaukel, in der die Eltern mitfahren können.

Eisenbahnmuseum (Raudteemuuseum)   [119 E4]

Es werden alte baltische Loks gezeigt, die in der Region im Einsatz waren. Jeden Samstag zwischen 12 und 17 Uhr gibt es einige Schaufahrten. *Juni– Sept. Mi–Sa 11–18, So 10–15 Uhr, Eintritt 3 Euro, Kinder 1,50 Euro, Müramaa 1, Lavassaare (25 km von Pärnu)*

Keila Gesundheitszentrum (Keila Tervisekeskus)   [119 E1]

Spaßbad am Stadtrand von Tallinn. *Mo–Fr 8–22, Sa/So 8–20 Uhr, Ein-*

tritt 2,50–4,50 Euro, Kinder 1,70 bis 2,50 Euro, Paldiski 17

Minizoo [119 E5]
Auch bei schlechtem Wetter können Sie hier Reptilien und Schlangen beobachten. *Mo–Fr 10–18, Sa/So 11–16 Uhr, Eintritt 1,50 Euro, Kinder 50 Cent, Akadeemia 1, Pärnu, www.hot.ee/minizoo*

Park Kadriorg [119 E1]
Der Park um das Schloss Katharinental *(S. 40)* wartet auf mit einem Schwanensee. *Weizenbergi, Tallinn*

Straußenfarm [118 B4]
Auf der Insel Saaremaa gibt es leibhaftige Strauße zu besichtigen: *Dorf Kungla, Tel. 508 61 83*

Tallinner Zoo (Tallinna Loomaaia) [119 E1]
Mit Tropen- und Elefantenhaus, aber auch Raubvögeln und Pelztieren aus nördlichen Gefilden, darunter sibirische Tiger. *Nov.–Feb. tgl. 9–15 Uhr, März/April tgl. 9–17 Uhr, Mai–Aug. tgl. 9–19 Uhr, Sept./ Okt. tgl. 9–17 Uhr, Eintritt 2,50 Euro, Kinder 0,50–1,50 Euro, Paldiski 145, Tallinn, www.tallinnzoo.ee*

LETTLAND

Domiņa [120 C4]
In diesem Geschäft gibt's, was Ältere noch aus ihren Kindertagen kennen, aber im Hightech-Zeitalter nicht mehr zu finden ist: originales, altes Spielzeug aus rohem, unbehandeltem Holz. *Maiznīcas 3, Rīga*

Lido [123 F4]
Das Selbstbedienungslokal ist schon von weitem an seiner stilisierten Windmühle zu erkennen.

Am Ufer der Daugava, mit »Freizeitparadies« (Animateure bieten Programm) für die Kleinen. *Krasta 76, Rīga, Tel. 781 21 87, €–€€*

Nemo [123 E3]
Wasserspaßpark am Meer mit Rutsche, künstlichen Wasserfällen und Fontänen. Wem's dort besonders gefällt, der kann auch campen. Mit Saunagarten, kulinarischer Zone, Tennisplätzen und Schönheitssalon. *Tgl. 11–23 Uhr, Eintritt ca. 3 Euro pro Std., Atbals 1, Jūrmala*

Rīgaer Motormuseum Motormuzejs [123 F4]
Eine motorisierte Ost-West-Gegenüberstellung: Rolls-Royce-, BMW- und Mercedes-Veteranen treten gegen sowjetische Modelle an. *Mo 10–15, Di–So 10–18 Uhr, Eintritt 1,50, Kinder 1 Euro, Eizenšteina 6, Rīga*

Rīgaer Zoo (Zoologiskais darzs) [123 F3]
Der Rīgaer Zoo wurde einst als privater Erholungspark von den Villenbesitzern in Mežaparks (Waldpark) gebaut. In der Sowjetzeit verkamen die Gehege. Heute macht der Tierpark wieder von sich reden – nicht nur wegen der Nachzüchtung seltener Tierarten. Besonders stolz ist man auf den Grünen Laubfrosch, der mit Hilfe des Rīgaer Zoos wieder in Lettland angesiedelt werden konnte. Eine Legende ist Tschabulitis, das Krokodil, das seit 1935 in seinem Wasserbassin sitzt. Nach telefonischer Anmeldung darf man auf den Pferden des Zoos reiten *(Tel. 751 84 09). Juni–Okt. tgl. 10–18, Nov.–Mai 10–16 Uhr, Eintritt 2,50, Kinder 2 Euro, Meža prospekts 1*

Dieses Boot ist leider nur zum Spielen an Land geeignet

Streichelzoo in Liepāja [122 A5]
Picknick-Möglichkeit, Reiten. *Latgales 3, Tel. 646 33 36, Eintritt 1,80, Kinder 1,20 Euro*

LITAUEN

Eislaufbahn (Ledo Arena) [130 C3]
Mit preiswertem Verleih von Schlittschuhen. *Sept.–Mai, Sa/So 11–23 Uhr; Mo–Fr unregelmäßig geöffnet, Aušros 42 C, Kaunas, Tel. 37/33 06 20*

Insider Tipp
Hexenberg
(Raganos kalnas) [126 A3]
Der Hexenberg liegt bei Juodkrantė auf halber Strecke von Nida nach Klaipėda. Entlang eines Rundwanderwegs (Dauer: ³/₄ Stunde) um einen dicht bewaldeten Hügel haben litauische Künstler allerlei liebevoll geschnitzte Holzgeister, Hexen und Kobolde aufgestellt, und jedes Jahr kommen neue hinzu. *Start: an der Durchgangsstraße, die hier L. Rėzos gatvė heißt, bei Nummer 48. Am* Straßenrand weist eine Holzhexe mit Axt den Weg

**Instrumentenmuseum
(Muzikos Muziejus)** [130 C3]
Allerhand zum Bimmeln und Bammeln, aber nicht zum Anfassen: Doch wenn Kinderaugen betteln, wird keine Museumswärterin nein sagen. *Mi–So 11–18 Uhr, Eintritt 50 Cent, Kinder 25 Cent, Zamenhofo 12, Kaunas*

Kindgerechte Gaststätten [130 C3]
Kaunas bietet zahlreiche kindgerechte Gaststätten – das Kindercafé *Bambaléja* ist nur eines davon. Aber auch für die Erwachsenen ist eine Ecke auf der Speisekarte übrig *(Laisvės 97, im Hof, Tel. 37/ 32 44 65)*. Weitere Adressen in Kaunas: *Asiliuko Sapnas, Laisvės 87 A, Tel. 37/22 00 63; Pizzeria Ciao, Donelaičio 66, Tel. 37/22 52 22, Unija (mit Spielzeugburg im Freien), Kiškių T. 20, Tel. 37/ 74 95 44*

Angesagt!

Was Sie wissen sollten über Trends, die Szene und Kuriositäten im Baltikum

Alles aus Amerika

Die Balten stehen auf Papppizza, Namensschilder auf den uniformierten Jäckchen der Tresenkräfte, salonartige Kneipen und Bars, die mit viel Holz und amerikanischen Flaggen ausgestattet sind. Riesige Werbeplakate prangen im Stadtbild, und den Weihnachtsbaum am Hauptplatz schmückt auch mal das Logo eines amerikanischen Brauseproduzenten.

Basketball

Die litauische Basketballbegeisterung ist ernst und tief und beinahe religiös – bei wichtigen Spielen sind alle Fernseher an, und zu diesem Zeitpunkt sollten Sie nicht gerade auf Ihre Grenzabfertigung warten.

Fluchen

Am liebsten auf Russisch. Denn die estnischen, lettischen und li-

tauischen Schimpfwörter haben einfach zu wenig Durchschlagskraft. Vor allem die Litauer lassen gern Dampf ab, indem sie zwischen die litauischen Wörter einige grummelnde und zischende Ausdrücke in der Sprache des Nachbarvolkes streuen: *Bljät! (Verdammt!)*, *Paschjol nachui! (Verpiss dich!)* und ähnliche Wendungen.

Kiiking

Es gibt auch Trendsportarten, die nicht abgekupfert sind. Kiiking, das Überschlagschaukeln, ist seit einigen Jahren sehr beliebt in Estland. Auf vielen Festen im Sommer sind die Schaukeln aufgebaut. Der Rekord liegt bei mehr als 6 m langen Schaukelstangen – ohne Netz und doppelten Boden. Glauben Sie nicht? Auf *www.hot.ee/julged* steht unter *kiiking* der Beweis.

Singen

Besonders an warmen Sommertagen kann es passieren, dass eine Gruppe junger Leute auf irgendeinem Platz in der Rīgaer Altstadt plötzlich anfängt zu singen, einfach so, weil ihnen gerade danach ist. Oder ein Gitarrist taucht in einer Kneipe in Tallinn auf, und alle Anwesenden stimmen für eine Weile in ein paar estnische Songs mit ein. Mitsingen dürfte Ihnen rein sprachlich schwer fallen – aber Mitklatschen wird gern gehört.

Von Anreise bis Zoll

Hier finden Sie kurz gefasst die wichtigsten Adressen und Informationen für Ihre Baltikumreise

ANREISE

Auto

Empfohlene Strecke: Berlin–Poznan–Plock–Ostroleka–Suwalki–Kalvarija–Kaunas–Vilnius. An guten Tagen ist sie in 20 Stunden zu schaffen. Achtung: Oft sind gleich hinter der Grenze von Polen Geschwindigkeitskontrollen.

Bahn

Zügige und häufige Verbindungen gibt es von Berlin nach Warschau, vier Verbindungen/Tag, ein Nachtzug, 6 Std. Fahrt. Von Warschau bis Vilnius fährt ein Nachtzug mit Liegewagen (weitere 10 Std.). Von Vilnius verkehrt ein Nachtzug nach Rīga (8 Std.). Zwischen Tallinn und Rīga verkehren derzeit keine Züge. Innerhalb des Baltikums sind Busse vorzuziehen. *Auskunft (Bahn) beim Ticketservice: Vilnius 5/269 37 22, Rīga 583 33 17*

Fähren

Autofähren verkehren das ganze Jahr über von Rostock nach Liepāja (Scandlines), von Lübeck nach Rīga (DFDS), von Travemünde nach Ventspils (Ventline), von Kiel nach Klaipėda (Scandlines und Lisco) sowie von Mukran nach Klaipėda (Lisco). Von Mai bis Sept. fahren Schiffe von Rostock nach Tallinn (Silja Line). Fähren: *DFDS, www. dfdstorline.de; Scandlines, www. scandlines.de; Silja-Lines, www.sil jaline.de; Lisco, www.litashipping. de; Ventlines, www.ventlines.lv*

Flug

Ins Baltikum fliegen Lufthansa sowie die drei nationalen Fluggesellschaften: Estonian Air, Air Baltic und Lithuanian Airlines. Direktflüge in alle drei Hauptstädte von Frankfurt und Zürich, außerdem von Hamburg nach Tallinn und von Berlin nach Vilnius (im Sommer mit Zwischenstopp in Palanga) und Rīga sowie von Wien in alle drei Hauptstädte. Preisbeispiel: Berlin–Rīga–Berlin ca. 250 Euro. Tickets bei Air Baltic und Estonian Air bei früher Buchung zeitweise unter 100 Euro.

AUSKUNFT

Baltikum Tourismus Zentrale Estland – Lettland – Litauen
Katharinenstr. 19–20, 10711 Berlin, Tel. 030/89 00 90 91, Fax 89 00 90 92, www.baltikuminfo.de

Fremdenverkehrsämter im Baltikum
Estland: *Roosikrantsi 11, 10119 Tallinn, Tel. 0/627 97 70, Fax 627 97 77, www.visitestonia.com*
Lettland: *Pils 4, 1050 Rīga, Tel. 722 99 45, Fax 750 84 68, www. latviatourism.lv*

Litauen: *Juozapavičiaus 13, 09311 Vilnius, 5/210 87 96, Fax 210 87 53, www.tourism.lt*

Auskunft vor Ort
Es gibt ein gut ausgebautes Netz an Informationsbüros, gekennzeichnet mit dem internationalen »i«. Estn.: *Turismiinfokeskus;* Lett.: *Tūrisma informācijas;* Lit.: *Turizmo informacijos centras*

In Estland muss auch am Tag mit Licht gefahren werden, in Litauen in den Wintermonaten. Nur Litauen hat ein Autobahnnetz. Die größeren Straßen in Estland und Lettland entsprechen deutschen Bundesstraßen, sind aber holpriger. Es gibt zahlreiche Radarfallen, bezahlt werden muss vor Ort. In Estland und Lettland ist die Höchstgeschwindigkeit innerorts 50 km/h, auf Landstraßen 90 km/h. In Estland gilt die Nullpromillegrenze, in Lettland bei nahe Null. In Litauen ist die Höchstgeschwindigkeit innerorts 60 km/h, auf Landstraßen 90 km/h, auf der Autobahn 110 km/h. Bleifreies Benzin gibt es überall. Normalbenzin ist an der Oktanzahl »95« zu erkennen, Super an der Zahl »98«. In allen drei Ländern ist eine grüne Versicherungskarte notwendig.

Die meisten Banken akzeptieren die üblichen Kredit- und EC-Karten. Geldautomaten (Visa, Eurocard, EC) sind auch auf dem Land weit verbreitet. Die Banken sind meist Mo–Fr 9–18 Uhr geöffnet, einige auch samstags. In den Hauptstädten kann man fast überall mit Kreditkarten bezahlen.

Deutsche Botschaften

Tallinn: *Toom-Kuninga 11, Tel. 0/627 53 00, Fax 627 53 04, www. germany.ee*

Rīga: *Raiņa bulv. 13, Tel. 722 90 96, Fax 782 02 23, www.deutschebot schaft-riga.lv*

Vilnius: *Sierakausko 24/8, Tel. 5/210 64 00, Fax 210 64 46, www.deutschebotschaft-wilna.lt*

Österreichische Botschaften

Tallinn: *Vambola 6, Tel. 0/627 87 40, Fax 631 43 65, www. austrianembassy.ee*

Rīga: *Elizabetes 21 A, Tel. 721 61 25, Fax 721 44 01, aus trian.embassy@mailbox.riga.lv*

Vilnius: *Gaono 6, Tel. 5/266 05 80, Fax 279 13 63, a80645@post.omni tel.net*

Schweizerische Vertretungen

Konsulat Tallinn: *Tuvi 12–28, Tel. 0/631 30 41 Fax 631 40 92, matti. klaar@starman.ee*

Schweizerische Botschaft in Rīga: *Elizabetes 2, Tel. 733 83 51, Fax 733 83 54*

Konsulat für Lettland und Litauen in Vilnius: *Konarskio 49, Tel. 5/212 08 37, Fax 279 14 84*

Es genügt grundsätzlich der Personalausweis. In der Übergangszeit sollte man einen Reisepass mitnehmen.

Es besteht kein Sozialversicherungsabkommen zwischen den baltischen Staaten und Deutschland. Es wird geraten, eine Auslandskrankenversicherung abzuschließen.

Touristische Informationen: *www. estemb.de, www.botschaft-lettland. de, www.botschaft-litauen.de*; regelmäßige Berichte und Tipps auf *www.balticsww.com*; auf Deutsch *www.estmonde.ch*; Informationen zur lettischen Kultur auf *www.la tinst.lv*; Veranstaltungstipps zu Städten im Baltikum sind auf *www.in yourpocket.com, www.virtualriga. com* oder *www.tallinn.ee* zu finden.

–*Zentralbibliothek (kostenlos), Sa/So geschl., Estonia 8, Tallinn, Tel. 0/644 12 86*

– *@5, in einem Kaufhaus, Gonsiori 2, Tallinn, 5. Etage, Mo–Sa 9–21, So 10–19 Uhr*

– *Internet Klubs, Kaļķu 10, Rīga, Tel. 750 35 95*

– *Collegium, Pilies 22, Vilnius, Tel. 5/261 83 34*

Der Altvater der estnischen Literatur, Jaan Kross, hat eine Reihe von historischen Romanen zu Themen rund um Russland, Estland und die Deutschbalten geschrieben (z. B. »Der Verrückte des Zaren«). Spannend sind »Hunde von Riga« des schwedischen Krimistars Henning Mankell. Der litauisch-polnische Nobelpreisträger Czesław Miłosz hat an Vilnius mit »Die Straßen von Wilna« eine Hommage geschrieben. Eine sachliche Darstellung der Geschichte hat Michael Garleff verfasst, »Die baltischen Länder«.

Bald soll überall auf EU-Standard umgestellt sein. Derzeit nur in Estland: Feuerwehr/Krankenwagen: 112, Polizei: 110. In Lettland wurde bisher die 112 als zentrale Notrufnummer eingerichtet; dort gilt aber weiterhin wie auch in Litauen das alte System: Feuerwehr: 01, Polizei: 02, Krankenwagen: 03. Von Mobiltelefonen gilt in Litauen zentral die 112 für alle Notfälle.

ÖFFENTLICHE VERKEHRSMITTEL

Eine Straßenbahn gibt es in Rīga und Tallinn, in Vilnius fährt ein Trolley-bus. Kaufen Sie Einzeltickets (ca. 60 Cent) für Bus, Tram oder Straßen-bahn in den kleinen Kiosken, am besten auf Vorrat. Das Ticket muss bei Fahrtantritt entwertet werden. Es kann auch mit Aufschlag beim Fahrer gekauft werden. Bei längeren Fahrten sind Busse meist schneller als Züge, es gibt relativ häufige Verbindungen. Die kleinen Mikrobusse sind oft flexibler und komfortabler, fragen Sie danach. Fahrkarten gibt es an der Kasse im Busbahnhof (Lit.: Autobusų stotis, Lett.: Autoosta, Est.: Bussijaam).

POST

Postämter sind meist Mo–Fr 8–18 Uhr geöffnet. Auch manche Kioske verkaufen Briefmarken.

PREISE & WÄHRUNG

Die estnische Krone und der litauische Litas sind beide fest an den Euro, der lettische Lats an einen Währungskorb gebunden. Lettlands Hauptstadt Rīga ist für EU-Touristen die mit Abstand teuerste Stadt. Estland ist vergleichsweise preiswert, Litauen liegt im Mittelfeld. Auf dem Land ist vieles deutlich billiger. In touristischen Einrichtungen ist das Preisniveau höher. Museumseintrittsgelder bewegen sich in der Regel unter 2 Euro. Die üblichen Sehenswürdigkeiten kosten wenig (bis zu 2,50 Euro) bis gar keinen Eintritt. Karten für Oper oder Theater kosten 3 bis 13, der Eintritt in Diskos zwischen 2 und 6 Euro.

€	EEK	EEK	€
1	15,65	10	0,64
2	31,30	20	1,28
3	46,95	50	3,19
5	78,25	100	6,40
10	156,50	300	19,20
25	391,25	500	32,00

€	Ls	Ls	€
1	0,66	1	1,51
2	1,32	2	3,03
3	1,98	3	4,54
5	3,30	5	7,57
10	6,60	10	15,13
25	16,49	25	37,84

€	Lt	Lt	€
1	3,45	1	0,29
2	6,91	3	0,87
3	10,36	5	1,45
5	17,26	10	2,90
10	34,53	25	7,24
25	86,32	100	29,00

SICHERHEIT

In den größeren Städten sollte man verstärkt auf sein Fahrzeug achten und es auf bewachten Parkplätzen abstellen. Lassen Sie Wertsachen

nicht zurück, sondern nutzen Sie, wo möglich, den Hotelsafe.

TAXI

Taxifahrten werden nach Strecke abgerechnet (Richtgröße für Vilnius: 20–50 Cent/km; in Tallinn billiger, in Rīga deutlich teurer). Um Gaunereien zu umgehen, Taxis immer telefonisch herbeirufen (offiziell auch billiger). Sie müssen Abfahrts- und Zieladresse sowie Rückrufnummer angeben. Sie werden angerufen, sobald ein Taxi bereitsteht. Tallinn: *Klubi Takso, Tel. 0/142 00, Linnatakso, Tel. 0/644 24 42;* Rīga: *Rīga Taxi, Tel. 800 10 10;* Beschwerdetelefon: *Tel. 701 27 01;* Vilnius: *Ekipažas, Tel. 5/239 55 40, Martono, Tel. 5/24 00 04*

Was kostet wie viel?*

Benzin	**0,70 Euro** 1 l Super bleifrei
Taxifahrt	**3–5 Euro** (10 km)
Kaffee	**0,60 Euro** 1 Tasse Kaffee
Bier	**1 Euro** 0,5 l einer heimischen Marke
Imbiss	**80 Cent** Für ein Kiewer Kotelett am Imbissstand
Sauna	**10 Euro** für zwei Stunden in einer Privatsauna

*Durchschnittspreise in den drei Hauptstädten

TELEFON & HANDY

Die internationalen Vorwahlen sind: Estland: *00372*, (nach Tallinn entfällt die Vorwahl 0), Lettland: *00371*, Litauen: *00370*. Zur Durchwahl aus dem Baltikum nach Deutschland wählt man: *0049* + Ortsnetzvorwahl ohne Null + Telefonnummer (für Österreich *0043*, für die Schweiz *0041*). Für Ferngespräche innerhalb Estlands gilt: 0 + Ortsnetzvorwahl wählen, nach Tallinn nur 0. In Lettland müssen in der Provinz die Ortsnetzvorwahlen meist mitgewählt werden, auch, wenn man im selben Ortsnetz telefonieren möchte. Im Großraum Rīga sind siebenstellige Digitalnummern ohne Vorwahl weit verbreitet. Um von analogen Telefonen digitale Nummern anzurufen, 1 vorwählen und kurz warten. Für sechsstellige analoge Nummern in Rīga lautet die Vorwahl 2. In Litauen muss bei Ferngesprächen vor der Ortsvorwahl eine 8 gewählt werden, z. B. 85 nach Vilnius. In Litauen und Estland muss wie in Deutschland im Ortsnetz keine Vorwahl gewählt werden. Deutsche Handys funktionieren in den GSM-Netzen der drei Länder.

TRINKGELD

Fünf bis zehn Prozent des Rechnungsbetrags sind in den Hauptstädten inzwischen üblich.

UNTERKUNFT

Camping

Auf ausgewiesenen Plätzen. Campen in der freien Natur wird weit gehend geduldet, ist in den Nationalparks aber verboten.

Landhäuser

Landhäuser kosten kaum mehr als 15 Euro pro Person und Tag. Eine Auswahl in Estland auf *www.maaturism.ee*. Landhäuser in Lettland vermittelt *Lauku Ceļotājs, Rīga, Kuģu 11, Tel. 761 76 00, www. celotajs.lv*

ZEIT

Die Zeit im Baltikum ist der mitteleuropäischen um 1 Std. voraus. Litauen stellt nicht auf Sommerzeit um. Ende März–Ende Okt. entspricht die litauische Zeit der in Deutschland.

ZEITUNGEN

Deutsche Presse erhalten Sie auf alle Fälle in den Hauptstädten, allerdings mit kräftigen Aufpreisen. Die »Baltic Times« erscheint wöchentlich in Englisch.

ZOLL

Die Regelungen werden ständig angepasst. Informationen erhalten Sie bei folgenden Stellen:

Estland: *Estnische Botschaft, Hildebrandstr. 5, 10785 Berlin, Tel. 030/25 46 06 00, Fax 25 46 06 01, www.estemb.de, oder: Estnisches Zollamt, Tel. 0/696 74 10, www. customs.ee*

Lettland: *Lettische Botschaft, Reinerzstr. 40–41, 14193 Berlin, Tel. 030/826 00 20, Fax 82 60 02 33, www.botschaft-lettland.de/ De/KS, oder: Zollverwaltung Lettland, Tel. 732 38 58*

Litauen: *Litauische Botschaft, Katharinenstr. 9, 10711 Berlin, Tel. 030/890 68 10, Fax 89 06 81 15, www.botschaft.lt, oder: Litauische Zollbehörde, Tel. 5/266 72 58, www.cust.lt/engl*

Wetter in Rīga

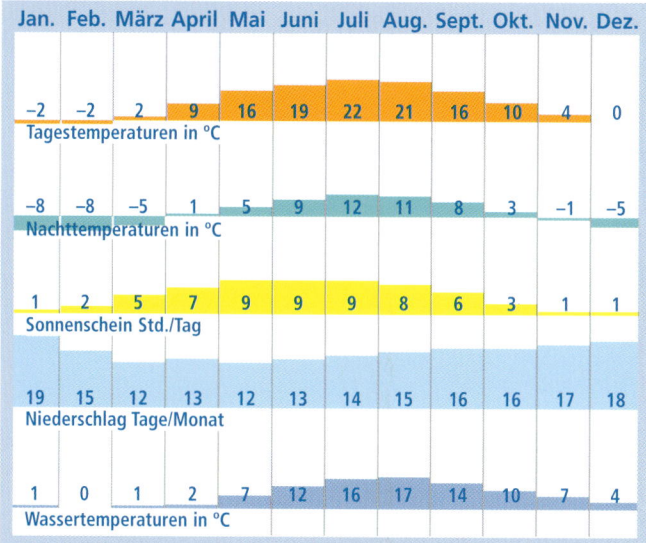

	Jan.	Feb.	März	April	Mai	Juni	Juli	Aug.	Sept.	Okt.	Nov.	Dez.
Tagestemperaturen in °C	−2	−2	2	9	16	19	22	21	16	10	4	0
Nachttemperaturen in °C	−8	−8	−5	1	5	9	12	11	8	3	−1	−5
Sonnenschein Std./Tag	1	2	5	7	9	9	9	8	6	3	1	1
Niederschlag Tage/Monat	19	15	12	13	12	13	14	15	16	16	17	18
Wassertemperaturen in °C	1	0	1	2	7	12	16	17	14	10	7	4

Kas sa oskad eesti keelt?

»Sprichst du Estnisch?«
Dieser Sprachführer hilft Ihnen, die wichtigsten Wörter und Sätze auf Estnisch zu sagen

Zur Erleichterung der Aussprache:

õ	wie »ö« ohne Lippenrundung, kurz gesprochen und hinten im Mund artikuliert, zwischen langem »u« und »ö«
e	wie kurzes »ä«
h	stimmlos, vor Konsonanten wie »ch«

AUF EINEN BLICK

Ja./Nein./Vielleicht.	Jah./Ei./Võib-olla.
In Ordnung./Einverstanden!	Ok./Olgu.
Bitte./Danke.Vielen Dank.	Palun./Tänan.Tänan väga.
Gern geschehen.	Hea meelega./kürzer: Meeleldi.
Entschuldigung!	Vabandust!
Wie bitte?	Kuidas palun?
Ich verstehe Sie/dich nicht.	Ma ei saa teist/sinust aru.
Können Sie mir bitte helfen?	Kas te võite palun aidata?
Ich möchte …	Ma tahan …
Das gefällt mir (nicht).	See meeldib mulle.
	(See ei meeldi mulle.)
Haben Sie …?	Kas teil on …?
Wie viel kostet es?	Kui palju see maksab?
Wie viel Uhr ist es?	Mis kell on?

KENNENLERNEN

Guten Tag!	Tere päevast!
Guten Morgen!/Guten Abend!	Tere hommikust!/Tere õhtust!
Wie ist Ihr Name, bitte?	Kuidas on teie nimi?
Wie geht es Ihnen/dir?	Kuidas teil/sul läheb?
Danke. Und Ihnen/dir?	Tänan. Ja teil/sinul?
Auf Wiedersehen!	Nägemiseni!

UNTERWEGS

links/rechts/geradeaus	vasak/parem/otse
nah/weit	lähedal/kaugel

Wie weit ist das?	Kui kaugel see on?
Entschuldigen Sie, wo ist...	vabandage, kus on ...
... der Busbahnhof?	... bussijaam?
... die Haltestelle?	... bussipeatus?
... eine Tankstelle?	... bensiinijaam?
... eine Werkstatt?	... remonditöökoda?
Fahrplan	Sõiduplaan
Eine Fahrkarte nach ... bitte.	Üks pilet ... , palun.
Ich möchte hier aussteigen.	Ma soovin siin maha minna.
Ich möchte ein Auto mieten.	Ma soovin autot rentida.

ESSEN/UNTERHALTUNG

Wo gibt es hier ein gutes Restaurant?	Kust ma leian mõne hea restorani?
Reservieren sie uns bitte für heute Abend einen Tisch für vier Personen.	palun reserveerige meile täna õhtuks Üks laud neljale inimesele.
Die Speisekarte, bitte.	Menüü, palun.
Auf Ihr Wohl!	Terviseks!
Bezahlen, bitte.	Arve, palun.

PRAKTISCHE INFORMATIONEN

Wo finde ich ...	Kus siin on ...
... eine Apotheke?	... apteek?
... ein Lebensmittelgeschäft?	... toidukauplus?
... ein Einkaufszentrum?	... ostukeskus?
... den Markt?	... turg?
... eine Bank?	... pank?
Ich möchte Euro (Schweizer Franken) in Kronen wechseln.	Ma soovin Euro (Dveitsi Franke) sid kroonideks vahetada.
Können Sie mir einen guten Arzt empfehlen?	Kas te oskate mulle mõnda head arsti soovitada?
Ich habe hier Schmerzen.	Mul valutab siit.
Ich habe Fieber.	Mul on palavik.

ZAHLEN

1	üks	9	üheksa
2	kaks	10	kümme
3	kolm	11	üksteist
4	neli	12	kaksteist
5	viis	20	kakskümmend
6	kuus	50	viiskümmend
7	seitse	100	sada
8	kaheksa	1000	tuhat

Vai tu runā latviski?

»Sprichst du Lettisch?«
Dieser Sprachführer hilft Ihnen, die wichtigsten
Wörter und Sätze auf Lettisch zu sagen

Zur Erleichterung der Aussprache:

ā, ē, ī, ū	lang gesprochen, ähnlich	ķ	wie »k« in König
	»ah«, »äh«, »ie«, »uh«	ļ	wie »l« in Glück
č	wie »tsch«	ņ	wie »n« in nützlich
ģ	spricht man wie »j«	š	wie »sch«
	in Jeans	ž	wie »g« in Genie

AUF EINEN BLICK

Ja./Nein./Vielleicht.	Jā./Nē./Varbūt.
In Ordnung./Einverstanden!	Viss kārtībā.
Bitte./Danke./Vielen Dank.	Lūdzu./Paldies./Liels paldies.
Gern geschehen.	Labprāt.
Entschuldigung!	Atvainojiet!
Wie bitte?	Kā lūdzu?
Ich verstehe Sie/dich nicht.	Es jūs/tevi nesaprotu.
Können Sie mir bitte helfen?	Lūdzu, palīdziet man!
Ich möchte…	Es vēlos…
Das gefällt mir (nicht).	Man tas patīk. (Man tas nepatīk.)
Haben Sie …?	Vai Jums ir…?
Wie viel kostet es?	Cik tas maksā?
Das ist zu teuer!	Tas ir par dārgu!
Wie viel Uhr ist es?	Cik ir pulkstenis?

KENNENLERNEN

Guten Tag!	Labdien!
Wie ist Ihr Name, bitte?	Kā jūs sauc?
Wie geht es Ihnen/ dir?	Kā jums/tev iet?
Danke. Und Ihnen/ dir?	Paldies. Un Jums/tev?
Auf Wiedersehen!	Uz redzēšanos!

UNTERWEGS

links/rechts/geradeaus	pa kreisi/pa labi/taisni uz priekšu
nah/weit	tuvu/tālu

Wie weit ist das?	Cik tas ir tālu?
Bitte, wo ist ...	Sakiet, lūdzu, kur atrodas...
... der Busbahnhof?	... autoosta?
... die Haltestelle?	... pietura?
... eine Tankstelle?	... degvielas stacija?
... eine Werkstatt?	... veikals?
Fahrplan	Braukšanas saraksts.
Eine Fahrkarte nach ... bitte.	Lūdzu, vienu biļeti uz...
Ich möchte hier aussteigen.	Es vēlos šeit izkāpt.
Ich möchte ein Auto mieten.	Es vēlos noīrēt automašīnu.

ESSEN/UNTERHALTUNG

Wo gibt es hier ein gutes Restaurant?	Kur šeit atrodas kāds labs restorāns?
Reservieren sie uns bitte für heute Abend einen Tisch für vier Personen.	Lūdzu, rezervējiet mums šim vakaram galdiņu četrām personām.
Die Speisekarte, bitte.	Lūdzu, atnesiet ēdienkarti!
Auf Ihr Wohl!	Uz Jūsu veselību!
Bezahlen, bitte.	Es vēlos samaksāt.

PRAKTISCHE INFORMATIONEN

Wo finde ich ...	Kur atrodas...
... eine Apotheke?	... aptieka?
... ein Lebensmittelgeschäft?	... pārtikas veikals?
... ein Einkaufszentrum?	... supermārkets?
... den Markt?	... tirgus?
... eine Bank?	... banka?
... Toilette?	... tualete?
Ich möchte Euro (Schweizer Franken) in Lats wechseln.	Es vēlos izmainīt Euro (Šveices markas) latos.
Können Sie mir einen guten Arzt empfehlen?	Vai Jūs man variet ieteikt kādu labu ārstu?
Ich habe hier Schmerzen.	Man šeit sāp.

ZAHLEN

1	viens		9	deviņi
2	divi		10	desmit
3	trīs		11	vienpadsmit
4	četri		12	divpadsmit
5	pieci		20	divdesmit
6	seši		50	piecdesmit
7	septiņi		100	simts
8	astoņi		1000	tūkstotis

Ar tu kalbi lietuviškai?

»Sprichst du Litauisch?«
Dieser Sprachführer hilft Ihnen, die wichtigsten
Wörter und Sätze auf Litauisch zu sagen

Zur Erleichterung der Aussprache:

ą	langes »a«	š	wie deutsches »sch«
č	wie deutsches »tsch«	ų, ū	langes u
ę	lang und offen wie »ä«	v	wie deutsches »w«
ė	lang und geschlossen	y	langes »i«
	wie in Esel	z	stimmhaft wie »s« in sauber
į	langes »i«	ž	wie »j« in Jeans

AUF EINEN BLICK

Ja./Nein./Vielleicht.	Taip./Ne./Galbūt.
In Ordnung./Einverstanden!	Sutarta./Sutarėm!
Bitte./Danke./Vielen Dank.	Prašom(e)/Ačiū. Labai ačiū.
Gern geschehen./	Su malonumu.
Entschuldigung!	Atsiprašau
Wie bitte?	Kaip?
Ich verstehe Sie/dich nicht.	Aš jūsų/tavęs nesuprantu.
Können Sie mir bitte helfen?	Atsiprašau, ar galite man padėti?
Ich möchte…	Aš norėčiau …
Das gefällt mir (nicht).	Man tai patinka. (Man tai nepatinka.)
Wie viel kostet es?	Kiek kainuoja?
Wie viel Uhr ist es?	Kelinta dabar valanda?

KENNENLERNEN

Guten Tag!	Laba diena!
Guten Morgen!/Guten Abend!	Labas rytas!/Labas vakaras!
Wie ist Ihr Name, bitte?	Kaip jūsų vardas/parvardė?
Wie geht es Ihnen/ dir	Kaip sėkasi?
Danke. Und Ihnen/ dir?	Ačiū. O jums/tau?
Auf Wiedersehen!	Iki pasimatymo!/Iki.

UNTERWEGS

links/rechts	kairėje/dešinėje
nach links/rechts/geradeaus	į kaire/į dešinę/tiesiai

nah/weit	arti/toli
Bitte, wo ist ...	Atsiprašau, kur yra ...
... der Busbahnhof?	... autobusų stotis?
... die Haltestelle?	... stotelė?
... eine Tankstelle?	... benzino kolonėlė?
... eine Werkstatt?	... mašino remontas?
Fahrplan	Maršruto planas
Eine Fahrkarte nach ... bitte.	Prašome, vieną bilietą į ...
Ich möchte hier aussteigen.	Aš norėčiau čia išlipti.
Ich möchte ein Auto mieten.	Aš norėčiau išsinuomoti automobilį.

ESSEN/UNTERHALTUNG

Wo gibt es hier ein gutes Restaurant?	Kur čia yra geras restoranas?
Reservieren sie uns bitte für heute Abend einen Tisch für vier Personen.	Aš norėčiau užsisakyti/užsirezervuoti šiandien vakare viena stalą keturiems žmonėms.
Die Speisekarte, bitte.	Prašome, atneškite valgiaraštį
Auf Ihr Wohl!/Zum Wohl!	į jūsų sveikatą!/į sveikatą!
Bezahlen, bitte.	Sąskaitą, prašom(e)/prašau.

PRAKTISCHE INFORMATIONEN

Wo finde ich ...	Kur galėčiau čia rasti ...
... Apotheke?	... vaistinė?
... ein Lebensmittelgeschäft?	... maisto parduotuvė?
... ein Einkaufszentrum?	... prekybos centrą?
... den Markt?	... tirgų?
... eine Bank?	... banką?
... Toiletten?	... tualetąs?
Ich möchte Euro (Schweizer Franken) in Litas wechseln.	Aš noriu pakeisti Euro (Šveicarijos Frankus) į litus.
Können Sie mir einen guten Arzt empfehlen?	Ar galėtumėte man rekomonduoti gerą gydytoją?
Ich habe hier Schmerzen.	Man čia skauda.

ZAHLEN

1	vienas	9	devyni
2	du	10	dešimt
3	trys	11	vienuolika
4	keturi	12	dvylika
5	penki	20	dvidešimt
6	šeši	50	penkiasdešimt
7	septyni	100	šimtas
8	aštuoni	1000	tūkstantis

Reiseatlas Baltikum

Die Seiteneinteilung für den Reiseatlas finden Sie auf dem hinteren Umschlag dieses Reiseführers

Mit freundlicher Unterstützung von

total relaxed in den urlaub: einsteiger-übung

1. lehnen sie sich entspannt zurück und gleiten sie in gedanken zu den cleveren angeboten von holiday autos. stellen sie sich vor, als weltgrössster vermittler von ferienmietwagen bietet ihnen holiday autos

   • mietwagen in über 80 urlaubsländern
   • zu äusserst attraktiven preisen

2. vergessen sie jetzt die üblichen zuschläge und überraschungen. dank

   • alles inklusive tarife
   • wegfall der selbstbeteiligung
   • und min. 1,5 mio € haftpflichtdeckungssumme (usa: 1,1 mio €)

   steht ihr endpreis bei holiday autos von anfang an fest.

3. nehmen sie ganz ruhig den hörer, wählen sie die telefonnummer **0180 5 17 91 91 (12cent/min)**, surfen sie zu **www.holidayautos.com** oder fragen sie in ihrem reisebüro nach den topangeboten von holiday autos!

kein urlaub ohne

holiday autos

18 26	Autobahn mit Anschlussstellen Motorway with junctions
	Autobahn in Bau Motorway under construction
I	Mautstelle Toll station
O	Raststätte mit Übernachtung Roadside restaurant and hotel
	Raststätte Roadside restaurant
	Tankstelle Filling-station
	Autobahnähnliche Schnell- straße mit Anschlussstelle Dual carriage-way with motorway characteristics with junction
	Fernverkehrsstraße Trunk road
	Durchgangsstraße Thoroughfare
	Wichtige Hauptstraße Important main road
	Hauptstraße Main road
	Nebenstraße Secondary road
	Fernverkehrsbahn Main line railway
	Autozug-Terminal Car-loading terminal
	Bergbahn Mountain railway
	Kabinenschwebebahn Aerial cableway
	Sessellift Chair-lift
	Eisenbahnfähre Railway ferry
	Autofähre Car ferry
	Schifffahrtslinie Shipping route
	Landschaftlich besonders schöne Strecke Route with beautiful scenery
Alleenstr.	Touristenstraße Tourist route
XI-V	Wintersperre Closure in winter
× × × × ×	Straße für Kfz gesperrt Road closed to motor traffic
8%	Bedeutende Steigungen Important gradients
	Für Wohnwagen nicht empfehlenswert Not recommended for caravans
	Für Wohnwagen gesperrt Closed for caravans

Kósciol farny ✳	Sehenswürdigkeit Object of interest
	Badestrand Bathing beach
✷	Besonders schöner Ausblick Important panoramic view
	Ausflüge & Touren Excursions & tours
	Nationalpark, Naturpark National park, nature park
	Sperrgebiet Prohibited area
	Kirche Church
	Moschee Mosque
	Kloster Monastery
	Schloss, Burg Palace, castle
	Ruinen Ruins
	Leuchtturm Lighthouse
	Turm Tower
	Höhle Cave
	Ausgrabungsstätte Archaeological excavation
⌂	Feriendorf Tourist colony
Ⓜ	Motel Motel
△	Jugendherberge Youth hostel
⌂	Allein stehendes Hotel Isolated hotel
⌂	Berghütte Refuge
▲	Campingplatz Camping site
✈	Flughafen Airport
✈	Flugplatz Airfield
	Staatsgrenze National boundary
	Verwaltungsgrenze Administrative boundary
⊖	Grenzkontrollstelle Check-point
⊖	Grenzkontrollstelle mit Beschränkung Check-point with restrictions
PARIS	Hauptstadt Capital
MARSEILLE	Verwaltungssitz Seat of the administration

A   B   C

1   20 km

2   B A L T I J A S   J Ū R A

Osmussaar s.

Tahkuna n.

Hiiumaa saar

Vormsi saar

Vormsi majāks   Sakshi   Norbi   Pürksi
Rumpo   Sviibi
Haapsa

Põhla-   Malvaste
Ristna nina   Pihla   Kärdla
Kalana   Mustlepp   Luidja laht   Heiste   Tuhala   Hellamaa
metsasalu   **46**   80   Valgevälja
Püha-Andr.   mägi   Luidja   Kolga   **26**   Vohilaid S.
Põhu   Hüti   B1   Vahtrepa

3   Kõpu poolsaar   Vana   Suuremõisa   Heltermaa
majākas   Tihu järv   Kaigutsi   Käina   Heinlaiu s.
Lelu   Kaevati saar
Nurste   Leisu   Jausa   Kassari   Tauksi s.   M a t s
Vanamõisa laht   Valgu   Saarnaki saar
Sõru   Emmaste   Muhu saar
Soela väin

Pammana neem   Kõinastu s.   Tupenurme
Soela   **56**   Koguva   Hellamaa
S a a r e m a a   Panga neem   Leisi   Randküla   Piiri   Kuivastu
s a a r   Panga   Metsküla   Angla   Orissaare
Tagaranna   **60**   Võhma   Jarise   Tagavere   Kärkvere
4   Tagaranna   Taga   Pamma   Keikla   Ratla   Põiide
Ninase   laht   Jarise järv   Koksi   Neemi
Vilsandi   Mustjala   **79**   **76**   Valjala   Laimjala
rahvuspark   Pidula   **86**   Eikla   Haeska   **77**
Vilsandi   Kureveri   Sauvere   Kiiljala   **74**
saar   Karu järv   Hakjala   Kailemäe
Kihelkonna   Kärla   Kiratsi   Tutja
Atla   Vedruka   Püha   Tailluste
5   Karala   Käesla   Kaiuka   **Sääretüki neem**
Varpe   **50**   Mullutu järv   Sutu laht
Koimla   **Kuressaare**   **Vetelanina neem**
Nasva   Abruka
Lõmala   **77**   Salme   Kasema saar   Allirahu saar
Abruka saar
Hoostelaiu S.   Anseküla   Kirjüsaar saar
Kirjalaiu neem

Laadla
6   Mäobe
Sääre
Sõrve neem   Lombimaa saar

122   **118**   I R B E N I   VÄIN   Ruhnu saar   Ruhnu

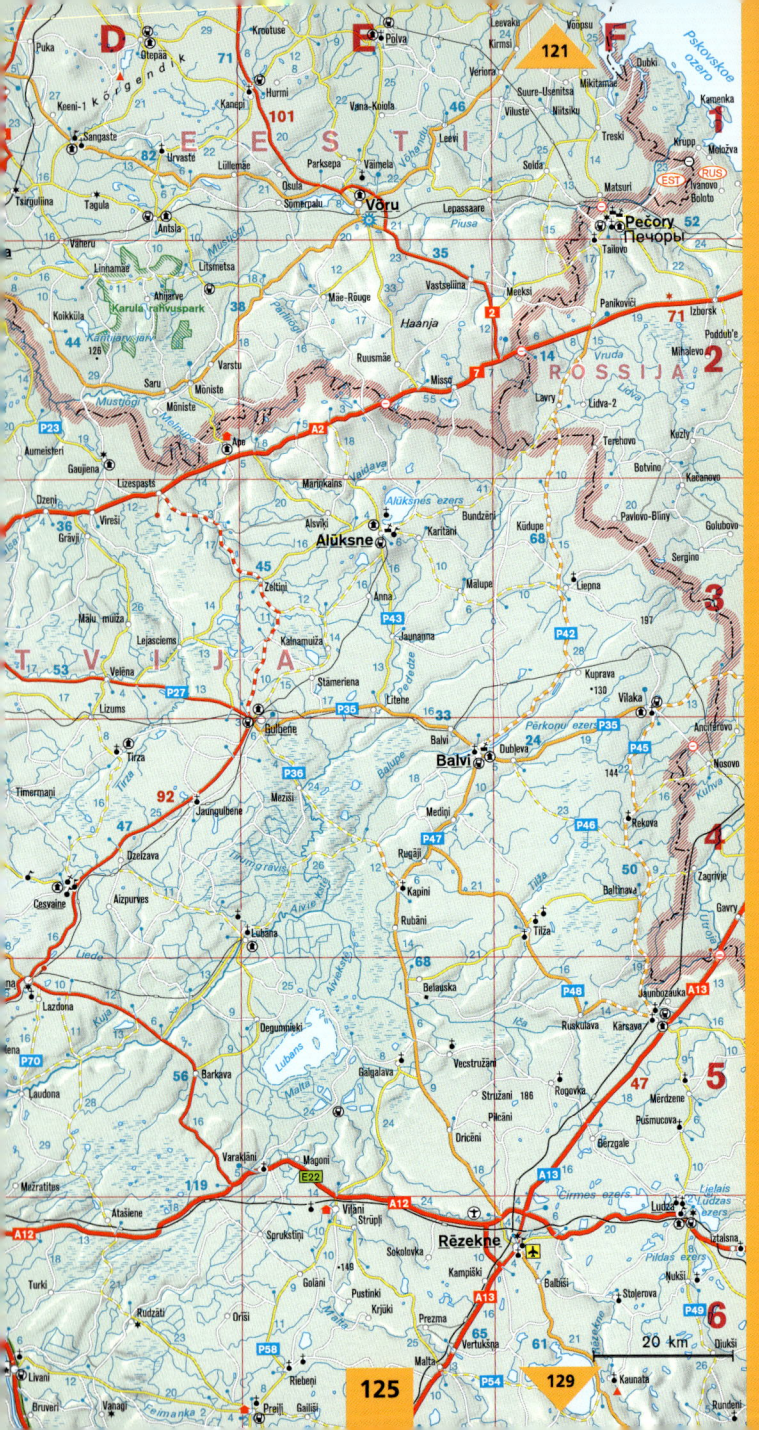

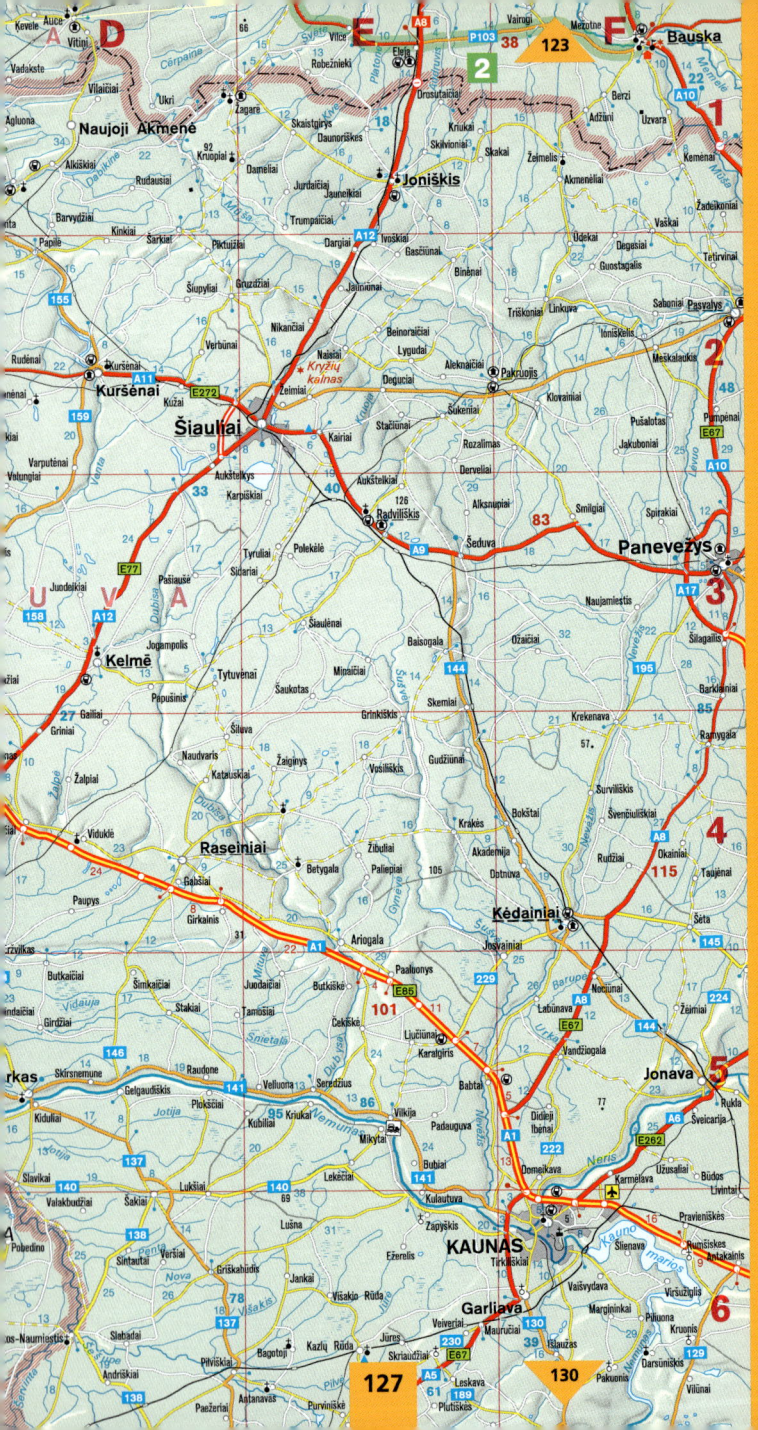

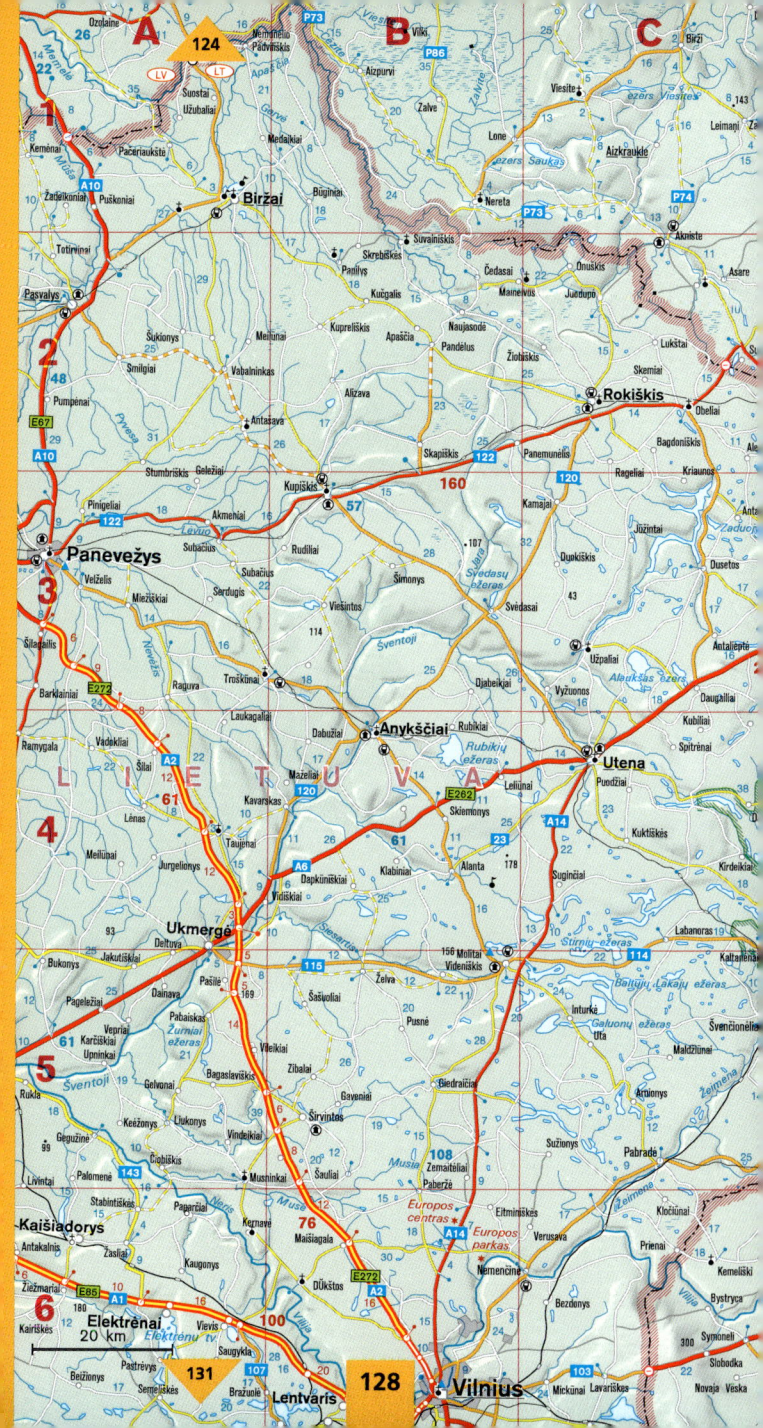

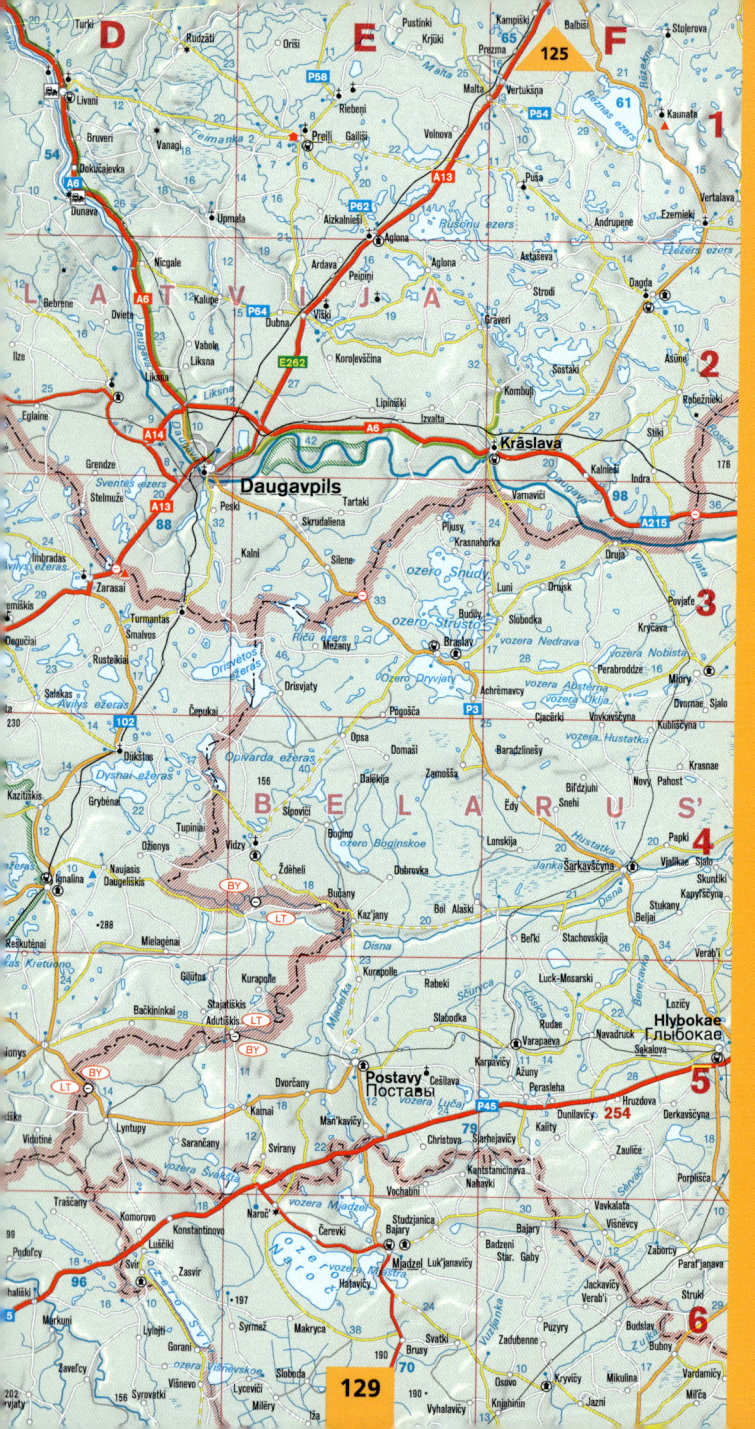

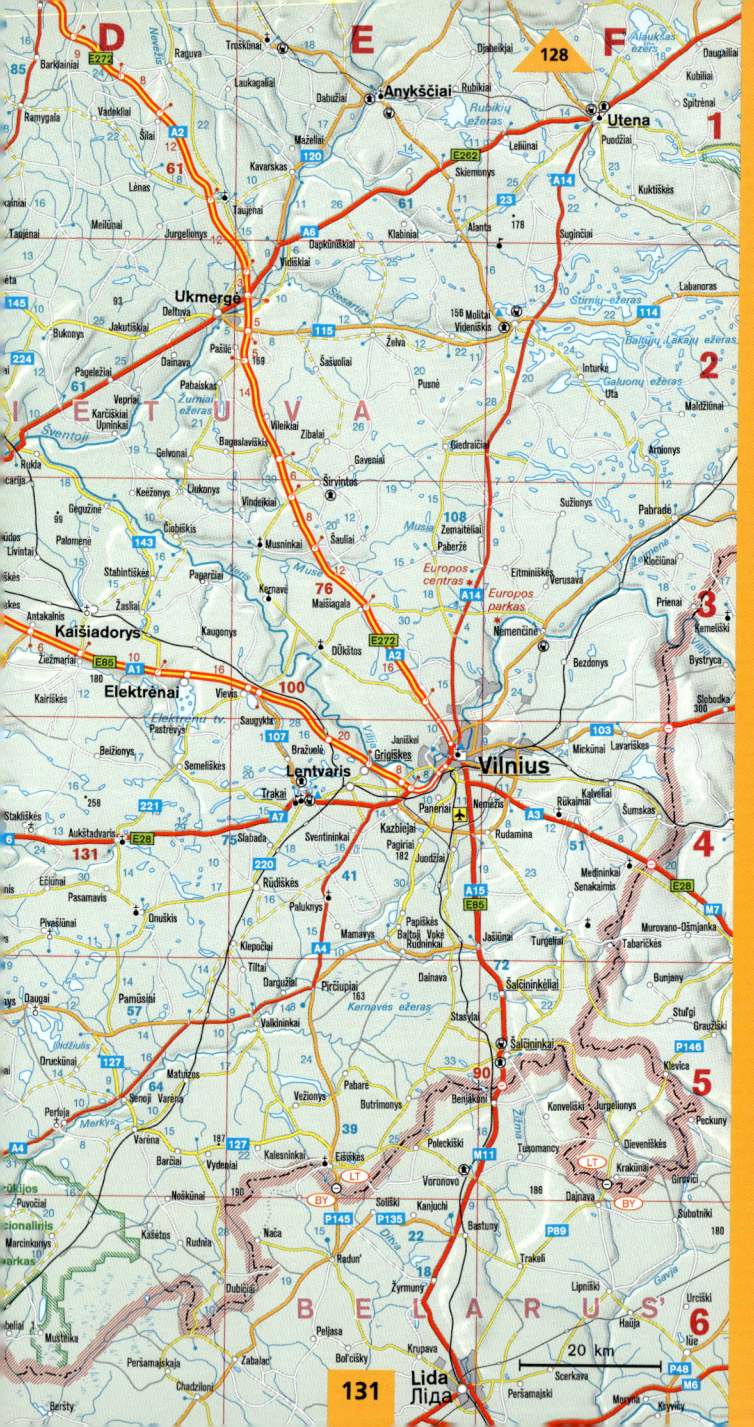

total relaxed in den urlaub: übung für fortgeschrittene

1. schliessen sie die augen und denken sie intensiv an das wunderbare wort „ferienmietwagen zum alles inklusive preise". stellen sie sich viele extras vor, die bei holiday autos alle im preis inbegriffen sind:

- unbegrenzte kilometer
- haftpflichtversicherung mit min. 1,5 mio €uro deckungssumme (usa: 1,1 mio €uro)
- vollkaskoversicherung ohne selbstbeteiligung
- kfz-diebstahlversicherung ohne selbstbeteiligung
- alle lokalen steuern
- flughafenbereitstellung
- flughafengebühren

2. atmen sie tief ein und lassen sie vor ihrem inneren auge die zahlreichen auszeichnungen vorbeiziehen, die holiday autos in den letzten jahren erhalten hat.

sie buchen ja nicht irgendwo.

3. nehmen sie ganz ruhig den hörer, wählen sie die telefonnummer **0180 5 17 91 91** (12cent/min), surfen sie zu **www.holidayautos.com** oder fragen sie in ihrem reisebüro nach den topangeboten von holiday autos!

kein urlaub ohne

holiday autos

MARCO ⊕ POLO

Für Ihre nächste Reise gibt es folgende Titel:

Das Register umfasst alle erwähnten Orte und Ausflugsziele sowie wichtige Stichworte und Personen. Halbfette Seitenzahlen verweisen auf den Haupteintrag, kursive auf ein Foto.
EST = Estland; LV= Lettland; LT = Litauen

SYMBOLE

MARCO POLO INSIDER-TIPPS:
Von unseren Autoren für Sie entdeckt

MARCO POLO HIGHLIGHTS:
Alles, was Sie im Baltikum kennen sollten

HIER HABEN SIE EINE SCHÖNE AUSSICHT

WO SIE JUNGE LEUTE TREFFEN

PREISKATEGORIEN

Hotels	
€€€	über 75 Euro
€€	50–75 Euro
€	bis 50 Euro

Die Preise gelten für eine Übernachtung im Doppelzimmer mit Frühstück.

Restaurants	
€€€	über 8 Euro
€€	4–8 Euro
€	bis 4 Euro

Die Preise gelten für ein Hauptgericht und ein Getränk.

KARTEN

[118 A1] Seitenzahlen und Koordinaten für den Reiseatlas Baltikum

[0] außerhalb des Kartenausschnitts

Karten von Tallinn, Rīga und Vilnius finden Sie im hinteren Umschlag.

Zu Ihrer Orientierung sind auch die Orte mit Koordinaten versehen, die nicht im Reiseatlas eingetragen sind.

GUT ZU WISSEN

Die virtuelle Regierung **18** · Baltische Spezialitäten **22**
Betrunkene Elche **36** · Do you speak Lithenglish? **70**

MARCO ⊕ POLO

Baltikum
Estland · Lettland · Litauen

Reisen mit Insider Tipps

W0197595

Diesen Reiseführer schrieb Jan Pallokat,
der seit 1996 als freier Journalist in Berlin
und Vilnius arbeitet. Die Journalistin
Birgit Johannsmeier erstellte das Kapitel
Lettland. Sie lebt seit 1989 im Baltikum.

www.marcopolo.de

Infos zu den beliebtesten Reisezielen
im Internet, siehe auch Seite 104

MAIRS GEOGRAPHISCHER VERLAG